清代皇宫图鉴

宫闱里的后妃

李寅 著

中国经济出版社

·北京·

图书在版编目（CIP）数据

宫闱里的后妃 / 李寅著 . — 北京：中国经济出版社, 2025.5. — （清代皇宫图鉴）. — ISBN 978-7-5136-8016-5

Ⅰ. K828.5-49

中国国家版本馆 CIP 数据核字第 2025R1H034 号

策划编辑	龚风光　张娟娟
责任编辑	张娟娟
责任印制	李　伟
封面设计	仙　境

出版发行	中国经济出版社
印 刷 者	三河市嘉科万达彩色印刷有限公司
经 销 者	各地新华书店
开　　本	710mm×1000mm　1/16
印　　张	19
字　　数	282 千字
版　　次	2025 年 5 月第 1 版
印　　次	2025 年 5 月第 1 次
定　　价	79.00 元

广告经营许可证　京西工商广字第 8179 号

中国经济出版社　网址 www.economyph.com　社址 北京市东城区安定门外大街 58 号　邮编 100011
本版图书如存在印装质量问题，请与本社销售中心联系调换（联系电话：010-57512564）

版权所有　盗版必究（举报电话：010-57512600）
国家版权局反盗版举报中心（举报电话：12390）　　服务热线：010-57512564

序　言

我一直认为，就兴趣而言，对清代宫廷史的研究是一个不错的选择。

首先，清朝是一个"渗入性"很强的王朝。这个王朝的人物、典故、制度、沿革等，都会在不经意间渗入到人们的意识里。

这个王朝离我们太近了，有种往事如昨的代入感。比如帝王与深宫，清朝为我们留下了最后的影像；比如盛世与衰败，清朝为我们留下了生动的素材；比如制度与沿革，清朝为我们提供了宝贵的资料。可以说，清朝所经历的一切，都是今日中国的文化脉络、传承基因，不可割断，具有深层次的借鉴意义。

其次，对清代宫廷史的研究，是研究清代历史的一块敲门砖。进入这个领域，可以找到一些研究的方向和线索。对此，我认为：

对清代宫廷史的研究是了解清代帝王最便捷的渠道。开国皇帝努尔哈赤、皇太极的智慧与谋略；入关第一帝顺治帝的任性与豪情；千年一帝康熙帝的修身、齐家、治国、平天下的胆识与胸怀；毁誉参半的雍正帝的改制与革新；"十全老人"乾隆帝的奢华与才情；傀儡天子同治帝和光绪帝的懦弱与无奈；等等。

对清代宫廷史的研究是揭秘清代后妃最可靠的史料。后宫是神秘的，后妃是后宫的核心，喜欢猎奇的人对此会产生不同的理解。影视剧的编剧们则直接将形形色色的后妃形象搬上银幕，或有部分依据，或根本没有依据，想当然地编造了人物形象和情节，来吸引普通的观众。

深入研究清代宫廷史，则可以知晓历史真相。

比如乾隆三十年（1765年），乌拉那拉皇后遭遇不公事件。影视剧说成是因乾隆帝风流所致。实际上，是复杂的储位之争导致的。从表面上看，是乌拉那拉皇后与令贵妃魏佳氏的争斗，实质是皇十二子永璂与皇十五子永琰的储位博弈。乾隆帝猎艳的说法就显得很肤浅和毫无依据了。

同样，影视剧的某些桥段，也会在后宫史中加以验证。比如"假孕事件"，一般认为不可能在后宫中发生。可是，乾隆帝的后宫"脉案"却提供了依据。乾隆四十三年（1778年），惇妃悍然打死一名宫女，坊间流传乾隆帝与这名宫女有染，引发惇妃醋意而致。经考证，真相被揭开。乾隆四十年（1775年），皇帝65岁，惇妃30岁的时候，一场惇妃孕事的风波悄然袭来。惇妃被御医陈世官、罗衡诊断为已经怀孕，几个月后，深谙医道的刑部尚书余文仪诊断道："今荣分既应时而至，脉亦不见娠象，其无喜已经显著。"将事件定性为"假孕"。就是这个事件，使尴尬的乾隆帝冷落了惇妃，进而导致惇妃情绪失控，妇科疾病缠身，直至在焦躁中杖毙宫女致死。

研究清代宫廷史，还有一个很重要的原因，是人们对宫廷养生知识的渴望。多年来，人们对深宫养生知识兴致盎然，甚至出现民间"造假"的现象。

比如在雍正初年的"曾静案"中，曾静的口供中有"圣祖皇帝在畅春园病重，皇上（雍正帝）就进一碗人参汤，不知何如，圣祖皇帝就崩了驾，皇上就登了位"之语，于是人们认为康熙帝很重视吃人参，故而年过花甲仍很健硕。实际上，康熙帝从不吃人参，他认为北方人不宜吃人参，还为此痛斥皇八子，告诫他不要吃人参。

相反，有"十全老人"之称的乾隆帝，年过耄耋，成为中国封建社会最长寿的帝王，仰仗的并非山珍海味，而是锻炼养生，即长期坚持"十常""四勿"来强筋健骨。还有一个很重要的因素，就是他适时进补，吃时令食物，而不在食物多珍贵，那些反季节的食物最好不吃。

所以，研究清代宫廷史，不仅能够让我们了解清宫人物的"隐私"，还能为我们打开一扇探究过去的窗。

或许，这就是《清代皇宫图鉴》这套书的出发点和落脚点了。笔者经过努力，撷取史料精华，做到：

一是依档案，从宏观入手，对清朝十二帝及其后妃的形象、性格进行客观描摹。从细微处着墨，找寻契合大众口味的话题，对清代历史及特色文化进行深入浅出的科普，力求在传递知识的同时，增添阅读的趣味性。

二是依官史，结合民间史料，互为佐证，对所谓正史中描述的事件，进行对照、分析，寻找真实的历史，再现清朝宫廷原貌。

从清太祖努尔哈赤到末代皇帝溥仪，《清朝十二帝》记录了清代诸帝或聪睿，或果敢，或多情，或诙谐的多面人生。

从努尔哈赤的大妃衮代到末代皇后婉容，《宫闱里的后妃》深入探究了清帝的后宫状况，揭开这些红颜女子或风花雪月，或钩心斗角，或母子情深，或帝妃反目的神秘面纱。

从衣食住行到礼制宫俗，《清宫与皇家生活》全面展示了"第一家庭"的生活画卷，于一饮一馔，一节一俗中，领略有滋有味的清代皇宫生活。

希望这套书可以帮助读者拓展认知范围，丰富想象空间；同时，还可以为传播历史知识做出贡献。

倘如此，我则倍感欣慰。

2024 年 11 月 18 日

目录

壹 努尔哈赤后宫

被亲生儿子杀死的衮代　　　　　　　　002
大喜大悲像是过山车　　　　　　　　　005
"死不瞑目"的皇后　　　　　　　　　　010

贰 皇太极后宫

残忍休妻　　　　　　　　　　　　　　016
居然把侧妃赏给别人　　　　　　　　　021
姑侄三人嫁一夫　　　　　　　　　　　024
皇太极后宫中的二婚女人　　　　　　　028
钟情海兰珠　　　　　　　　　　　　　035
"庄妃下嫁小叔子"　　　　　　　　　　038
为何逼迫其母殉葬　　　　　　　　　　041

叁 顺治帝后宫

16 岁天子坚决废后　　　　　　　　046

受冷遇的中宫皇后　　　　　　　　050

皇帝为何"怕"保母　　　　　　　　054

爱江山更爱美人　　　　　　　　　057

两个汉族红颜知己　　　　　　　　061

肆 康熙帝后宫

四对姐妹嫁一夫　　　　　　　　　068

康熙帝"克后"　　　　　　　　　　072

多子多福的德妃乌雅氏　　　　　　076

康熙帝后妃最多　　　　　　　　　082

与苏麻喇姑的情缘　　　　　　　　086

与祖母的深厚感情　　　　　　　　090

伍 雍正帝后宫

意想不到的皇后　　　　　　　　　096
甄嬛的真面目　　　　　　　　　108
其实华妃很羸弱　　　　　　　　115
没福气的年贵妃　　　　　　　　121

陆 乾隆帝后宫

生育了两个皇子的皇后　　　　　128
失控的皇后　　　　　　　　　　133
令妃其人　　　　　　　　　　　143
"香妃"真相　　　　　　　　　148
乾隆帝怒杀小舅子　　　　　　　153

柒　嘉庆帝后宫

- 嘉庆帝的"怨妇"　　　　　　　　　　　158
- 太上皇"看中"的儿媳　　　　　　　　162
- 有福气的皇后　　　　　　　　　　　　165
- 嘉庆帝怒惩大舅子　　　　　　　　　　168

捌　道光帝后宫

- 春节期间暴亡的皇后　　　　　　　　　172
- "白辛苦"的静贵妃　　　　　　　　　 177
- 节俭嫁女儿　　　　　　　　　　　　　182
- 风光葬女儿　　　　　　　　　　　　　185
- 妃嫔多遭降格　　　　　　　　　　　　188
- 为道光帝生育最多的两位妃嫔　　　　　197

玖 咸丰帝后宫

- 咸丰帝的两位母后　　　　　　　204
- 咸丰帝的姐妹　　　　　　　　　210
- 咸丰帝选秀女　　　　　　　　　213
- 咸丰帝的后妃　　　　　　　　　216
- 慈禧出生地之谜　　　　　　　　222
- 也好风雅　　　　　　　　　　　225
- 风流皇帝的四春娘娘　　　　　　231

拾 同治帝后宫

- 同治帝的后妃　　　　　　　　　236
- 婆媳失和　　　　　　　　　　　241
- 没有生育的真相　　　　　　　　244
- 皇后尸体不烂之谜　　　　　　　248

拾壹　光绪帝后宫

光绪帝的姨妈　　　　　　　　　　254

光绪帝的皇后　　　　　　　　　　259

光绪帝的妃子　　　　　　　　　　267

错误的婚姻　　　　　　　　　　　272

"珍妃该打"　　　　　　　　　　　274

拾贰　宣统帝后宫

七位母亲　　　　　　　　　　　　280

逃离洞房　　　　　　　　　　　　284

休掉皇帝　　　　　　　　　　　　286

溥仪一生中的五位女人　　　　　　289

壹

努尔哈赤后宫

被亲生儿子杀死的衮代

在清宫史中，有一件很龌龊的事——亲子弑母。儿子杀死自己的亲生母亲，多么为人所不齿。那么，努尔哈赤的这位大妃真的是为其亲子所杀吗？

衮代，富察氏，努尔哈赤的继室，后人称其为太祖继妃，也叫大妃。实际上，衮代在嫁给努尔哈赤之前已经结婚，她的丈夫是努尔哈赤的堂兄威准，他们还生育了一个男孩，叫昂阿拉。这就很奇怪了，既为堂嫂，衮代何以再嫁努尔哈赤呢？明万历十三年（1585年），衮代的丈夫威准病逝，于是衮代便依当时女真社会兄死弟妻其嫂的风俗，带着孩子改嫁努尔哈赤。这个风俗在当时的女真社会非常流行，叫"收继婚"。通俗点儿说，就是"肥水不流外人田"。因此，衮代二婚嫁给努尔哈赤不算丢人的事情，是合法的。

那么，婚后的衮代境遇如何呢？用三个字概括：非常好。衮代成为大妃后地位很高，后宫的事情都由她做主。在努尔哈赤的心中，衮代的地位无可替代。举个例子，1593年，海西四部纠合东蒙古及其他部落组成九部联军，共同征讨建州，形势危急。当时，陪伴在努尔哈赤身边的正是衮代。这天夜里，努尔哈赤正在熟睡，探子打探到敌军压境的消息后，赶紧回来报告，以便早做准备。可是，身边臣仆无一人敢去惊动努尔哈赤，他的脾气他们是知道的。这个时候，只有衮代能够唤醒努尔哈赤。她不顾一切地抓住努尔哈赤，使劲儿摇晃，喊道："敌人已经大兵压境，打到家门口了，你还睡觉。你是吓糊涂了吗？"衮代的地位由此可见一斑。衮代嫁给努尔哈赤后，居大妃之位达30余年，还为努尔哈赤生育了三个子女：1587年生努尔哈赤第五子莽古尔泰，1590年生努尔哈赤第三女莽古济，1597年生努尔哈赤第十子德格类。

［清］ 珊瑚珠玉步摇

珊瑚珠玉步摇是一种融合了珊瑚珠和玉的首饰，其特色在于佩戴之人在行走时，步摇上的珠玉会自然摇曳，发出清脆的响声，给人以视觉和听觉上的美感。

［清］ 碧玉透花荷叶香囊

全器以精致的碧玉雕琢而成，囊身瓜形，荷叶为盖，镂空荷花、慈姑图案栩栩如生，透雕工艺精湛，展现了器物的立体之美。

然而，花无千日好，人无百日红。后金天命五年（1620年）对衮代来说是灰色的。这一年接连发生了两件大事，让大妃衮代命丧黄泉。第一件事是衮代被丈夫努尔哈赤逐出家门。努尔哈赤一直很宠爱这个女人，何以如此无情？事出有因。原来衮代作为后宫之主，居然偷盗金帛，被人告发。努尔哈赤一怒之下把衮代休弃，逐出家门。这真是太不幸了，虽然衮代做了不该做的事情，但努尔哈赤未免有些绝情。第二件事是衮代做梦都没有想到的，她会被亲生儿子莽古尔泰杀死。

这件事是皇太极在后金天聪五年（1631年）训斥莽古尔泰时被透露出来的。天聪五年九月十三日，皇太极与莽古尔泰因事发生争执，两人几乎拔刀相向，莽古尔泰的弟弟德格类竭力阻止，但皇太极不依不饶，破口大骂莽古尔泰："尔弑尔生母，邀功于父，汗父遂令附养于其末生子德格类家。尔众岂不知乎？尔何得斫我耶？"

关于莽古尔泰弑母一事，史学界争议很大。有人说这是皇太极的污蔑，以图通过这件事打压莽古尔泰，降低他的威信。这种说法有一定的道理，因为当时莽古尔泰还是四大贝勒之一，其地位可以与皇太极分庭抗礼，皇太极通过这件事来攻击莽古尔泰也在情理之中。可是以莽古尔泰莽撞的个性，要说他真的为了自己的前途而做出弑杀亲母的事情也不是不可能的。

大喜大悲像是过山车

本篇的女主人公是努尔哈赤的大妃阿巴亥。

阿巴亥，乌拉部贝勒满泰之女，清太祖努尔哈赤第四任大妃，清太宗皇太极继母。阿巴亥被立为大妃后，为努尔哈赤生下三子：第十二子英亲王阿济格、第十四子睿亲王多尔衮、第十五子豫亲王多铎。后金天命十一年（1626年），她被逼殉葬，享年37岁。

阿巴亥虽然出生于贵族之家，但在那个动荡不安的年代，仍尝尽了辛酸。1596年，阿巴亥的父亲满泰在一次意外事件中被杀，年仅7岁的阿巴亥年幼失怙，不得不投靠叔父布占泰，过起了寄人篱下的日子。她将经历怎样的人生呢？可以用四个字来形容：大喜大悲。而且是多次大喜大悲，感觉就像坐过山车一样。

第一次大悲大喜。万历二十九年（1601年）十一月，叔父布占泰为了自己的前途，做了一个不近人情的决定：把阿巴亥嫁给努尔哈赤。这对阿巴亥来说太残酷了。大家想一想，阿巴亥是多不愿意嫁给这个人啊！首先，努尔哈赤是她的仇人，当年九部联军攻打建州，双方打得你死我活，她的父亲险些被杀害。其次，年龄相差太多，阿巴亥才12岁，正值青春年少，容貌美丽，而努尔哈赤比她大31岁，谁愿意嫁给老头子呢？而且努尔哈赤已有7位妻妾，她的命运难卜。这不是大悲的事情吗？可让阿巴亥意想不到的事情发生了。就在她嫁入汗王宫仅仅两年后，大妃孟古哲哲病逝，汗王宫没有了女主人。这个时候，努尔哈赤会让谁来主持汗王宫呢？令人没想到的是，努尔哈赤居然把大妃的位子给了年纪轻轻的阿巴亥。这对阿巴亥来说，简直像做梦一样。

[清] 佚名 《孝烈武皇后朝服像》

画像中，阿巴亥神态安详，气质高贵。其服饰精细繁复，珠翠点缀其间，彰显着皇后的威仪。

第二次大悲大喜。后金天命五年（1620年），有人举报阿巴亥与代善偷情。代善是努尔哈赤的次子，位于四大贝勒之首，努尔哈赤确定的接班人。这件事是努尔哈赤的小福晋德因泽和阿济根举报的。一开始努尔哈赤并不相信，觉得他们没那个胆子。可当他派出的调查人员额尔德尼向他报告"情况属实"时，努尔哈赤感觉五雷轰顶，一时之间气血上涌。最后，他做了一个决定：休离阿巴亥，废掉代善太子之位。阿巴亥在这个时候遭遇了前所未有的困境，不得不离开汗王宫。此时的她要么去娘家，也就是叔父布占泰家，可那儿不是亲生母家，万万去不得；要么去自己的长子阿济格家，幸亏有他。看来，她从此不会有好日子过了。可让她没想到的是，这种日子并没有持续多久。一年后，当努尔哈赤攻下辽阳之后，立即决定接回阿巴亥，并恢复其大妃身份，让她继续主持汗王宫事务。不仅如此，努尔哈赤还给予她更大的空间，允许她参与部分政务，如出席东京城的奠基典礼，奔赴广宁前线慰问等。阿巴亥又一次经历了惊心动魄的大悲大喜。

第三次大喜大悲。天命十一年（1626年）八月初七，努尔哈赤病情加重，从温泉返回盛京。到浑河的时候，眼看努尔哈赤不行了，大家赶紧安排后事，并问他想见谁。谁知道，在这个关键时刻，努尔哈赤只想见大妃阿巴亥。在努尔哈赤临终前的最后4天，他是和阿巴亥一起度过的。阿巴亥悲喜交加，非常感慨——这么多年的夫妻之情终于换来了回报。努尔哈赤在生命的最后时刻不见别人，只见她，这是一种莫大的荣幸。因此，阿巴亥异常兴奋，她甚

[清] 佚名 《代善画像》

代善且是清太祖努尔哈赤次子，清朝开国元勋，性格沉稳宽厚。他征战勇猛，屡建战功，拥立皇太极继承汗位，为清朝建立立下了汗马功劳。

至幻想着,努尔哈赤过世后,是不是由自己的儿子继位呢?天命十一年八月十一日,努尔哈赤病逝。这个时候,一个巨大的阴谋正在酝酿,阿巴亥面临着最大的危险——有人要她立即殉葬。果然,第二天,皇太极等人便逼迫阿巴亥殉葬。阿巴亥还很天真地进行了反抗,但一切都晚了。阿巴亥以弓弦勒颈,结束了她年仅37岁的生命。

阿巴亥的第四次大喜大悲,发生在顺治七年(1650年)。此时,大权在握的多尔衮征求朝臣的意见,为其生母阿巴亥正名。其中很重要的一件事,就是追封阿巴亥为皇后。他认为当年皇太极继位,马上就追封其生母为皇后,如今自己大权在握,也要这么做。于是,他追封阿巴亥为"孝烈恭敏献哲仁和赞天俪圣武皇后",并将牌位放置于太庙中,接受众臣的拜祭。这个消息对阿巴亥来讲,来得迟了一些,她已经去世24年了。但毕竟有了追封,还是可以慰藉其在天之灵的,可谓大喜。可仅4个月后,多尔衮病逝,顺治皇帝追论多尔衮之罪,废除其之前的封号,阿巴亥"孝烈武皇后"的谥号也被追夺,她的神牌也一并被无情地扔了出去。

阿巴亥经历了四次大喜大悲,命运一次次捉弄了她,即使她去世之后,也不得安宁。

[清] 羽饰头盔

羽饰头盔是清朝军队独特的军事装备,以精美的羽毛装饰头盔,羽毛轻盈飘逸,让佩戴者在行动时更显灵动。

"死不瞑目"的皇后

死不瞑目的皇后，即清朝第一位被追尊的皇后，努尔哈赤的大妃孟古哲哲，皇太极的生母叶赫那拉氏。这个女人的人生有一个显著特点，就是前后有着天壤之别——开始不错，最后的人生境遇非常糟糕，简直让她难以接受。

孟古哲哲的人生开始不错，大致有以下几个阶段：

一是幼年漂亮。一般来讲，幼小的时候看不出漂亮来，都说没长开，怎么能够看出漂亮与否呢？还有说女大十八变，是说女孩子长大之后会变得越来越漂亮。可孟古哲哲从小就与众不同，刚刚8岁的她就已经远近闻名，谁都知道叶赫部杨吉砮的小女儿像天仙一样漂亮。也正因如此，努尔哈赤英雄爱美，来到叶赫部求婚。杨吉砮很为难，他并不想嫁女。努尔哈赤责怪道："既然想和好，为什么不联姻呢？"杨吉砮说出了原因："我不是舍不得女儿，是因为我的大女儿不漂亮，配不上你；我的小女儿虽然漂亮，但是她太小了，还不能出嫁啊。"杨吉砮说得对，努尔哈赤也理解。可以说这个时候的孟古哲哲太美了，就像公主一样，被大家宠着。

二是遂心嫁夫。孟古哲哲14岁时，出落得更加美丽，而且端庄大气，举止文雅。这样美貌的女子，谁不喜欢呢？万历十六年（1588年），孟古哲哲的父亲杨吉砮已经过世，便由她的哥哥纳林布禄护送她到建州，嫁给努尔哈赤。努尔哈赤很重视孟古哲哲，杀猪宰羊，热情款待大舅哥，给足了孟古哲哲娘家人面子。可以说，这次出嫁，孟古哲哲是心甘情愿的。

三是生育遂心。孟古哲哲于万历二十年（1592年）生了一个儿子，努尔哈赤非常喜欢，给他取名皇太极。从此，孟古哲哲更加得宠了。

[清] 玉戚

清初雕刻艺术品。器物上端镂雕的双龙栩栩如生，龙身蜿蜒盘旋，龙鳞清晰可见。器物两侧雕刻着侧身立鸟形的牙，工艺精湛。

[金] 秋山玉

秋山玉表现的是中国北方契丹、女真等游牧民族秋天在山林中狩猎的场景。这枚秋山玉玉质润泽，带有浅褐色的玉皮，雕刻的是一只花鹿立于林间，正回首观望。

但接下来，孟古哲哲的人生就遭遇了让她难以预料的事情。

万历二十一年（1593年），就在她生下皇太极的第二年，她的娘家叶赫部纠集哈达、辉发、乌拉等部组成九部联军3万余人，分三路大举进攻建州。这件事情让孟古哲哲左右为难，因为叶赫部不仅参与了九部联军，还是组织者。这次战役，建州非常被动，不仅人数少、势单力薄，而且敌兵来势凶猛。这真是一场恶战，建州岌岌可危。在此危急关头，努尔哈赤并没有乱，他从容布阵，凭借险要的地势，滚木、礌石齐下，一次次击败了九部联军的进攻。可以说，努尔哈赤是凭借自己的智慧取得了抗击九部联军的胜利。危机过去了，孟古哲哲舒了一口气。可让她没有想到的事情又发生了，这件事情让她寝食难安。是什么事情呢？

她的堂兄布寨被俘获！不过被俘获的不是活人，而是一具死尸。布寨是军中主帅，本领很大。在战斗中，布寨被木桩绊倒，乱箭穿身，死于非命。努尔哈赤得到了布寨的尸体，便抬回了建州。对此，叶赫部怎么能置之不理呢？于是他们向努尔哈赤索要布寨的尸体，可努尔哈赤不给。经过交涉，努尔哈赤居然将布寨劈成两半，只归还叶赫部一半。从此，建州和叶赫部彻底成了死敌。这样一种窘况，让孟古哲哲怎么安心呢？她开始日夜焦虑。

[清] 孟古哲哲谥册

谥册由碧玉制成，记录了孟古哲哲一生的功德、事迹，以及她的谥号等重要信息。

这场战争之后，孟古哲哲就郁郁寡欢。到万历三十一年（1603年），她支撑不住了。努尔哈赤询问孟古哲哲有什么心愿未了，孟古哲哲说："我最大的愿望，就是在临死之前见母亲一面。"努尔哈赤含泪答应，赶紧派人前往叶赫部。按照常理，娘家人会积极回应，她的母亲也会不顾一切地前来看望病危的女儿。要知道，此时孟古哲哲已经有15年没有见过自己的母亲了，思念之情可想而知。可是，最令孟古哲哲伤心的事情发生了——她的哥哥纳林布禄不允许她的母亲去看望她，他还在记恨前仇。就这样，孟古哲哲在盼望中失望了，她伤心欲绝地流下了思念的眼泪。孟古哲哲就这样带着遗憾离开了人世，年仅29岁。她虽然闭上了双眼，实则死不瞑目。

贰 皇太极后宫

残忍休妻

努尔哈赤休妻的故事我们听得多了，他的儿子皇太极也休过妻。

乌拉那拉氏原本是皇太极的侧室，之后被立为嫡室。实际上，这是一门政治婚姻，因为乌拉那拉氏的侄女恰恰是努尔哈赤的大妃阿巴亥。努尔哈赤出于政治上的考虑，让自己的儿子娶乌拉部的首领之女，有利于政治联盟。

乌拉那拉氏曾经一度很得宠，皇太极很重视她，她也很"争气"。据资料记载，她生育了三个孩子，其中有两个儿子。万历三十七年（1609年），乌拉那拉氏生长子豪格；仅过两年，万历三十九年（1611年），生次子洛格。也就是说，皇太极的前两个孩子均是乌拉那拉氏所生。豪格出生时，皇太极年仅18岁，这是他第一次做父亲。皇太极的长女也是乌拉那拉氏所生，这一年是后金天命六年（1621年）。从这里我们可以看出，皇太极的长子、长女都是乌拉那拉氏生的，这对她来说，是无比荣耀的事情。所以，乌拉那拉氏也觉得自己很了不起。在帝王之家，有这样的想法很危险。

果然，乌拉那拉氏逐渐有了致命的弱点，那就是傲慢无礼。乌拉那拉氏凭借自己入宫较早，又接连生育，便在后宫颐指气使，让皇太极的其他妃嫔很是厌恶。这倒无所谓，本来在后宫之中，宫斗就很激烈。可乌拉那拉氏的傲慢也被自己的公公努尔哈赤感受到了。其间，发生了一件改变乌拉那拉氏命运的事。

天命七年（1622年），一个寒冷的冬日，乌拉那拉氏坐着狗拉的拖床悠闲地去拜见公公努尔哈赤。也许是太冷了，也许是觉得自己生了那么多孩子，有功于婆家，她一路坐着拖床，经过代善门前不下拖床，经过阿济格门

[清] 皇太极御用鹿角椅

鹿角椅以麋鹿的鹿角制成，兼具艺术价值与实用价值。鹿角椅形似太师椅，鹿角外展形成靠背与扶手，尖状角枝围护座椅。现藏于沈阳故宫博物院。

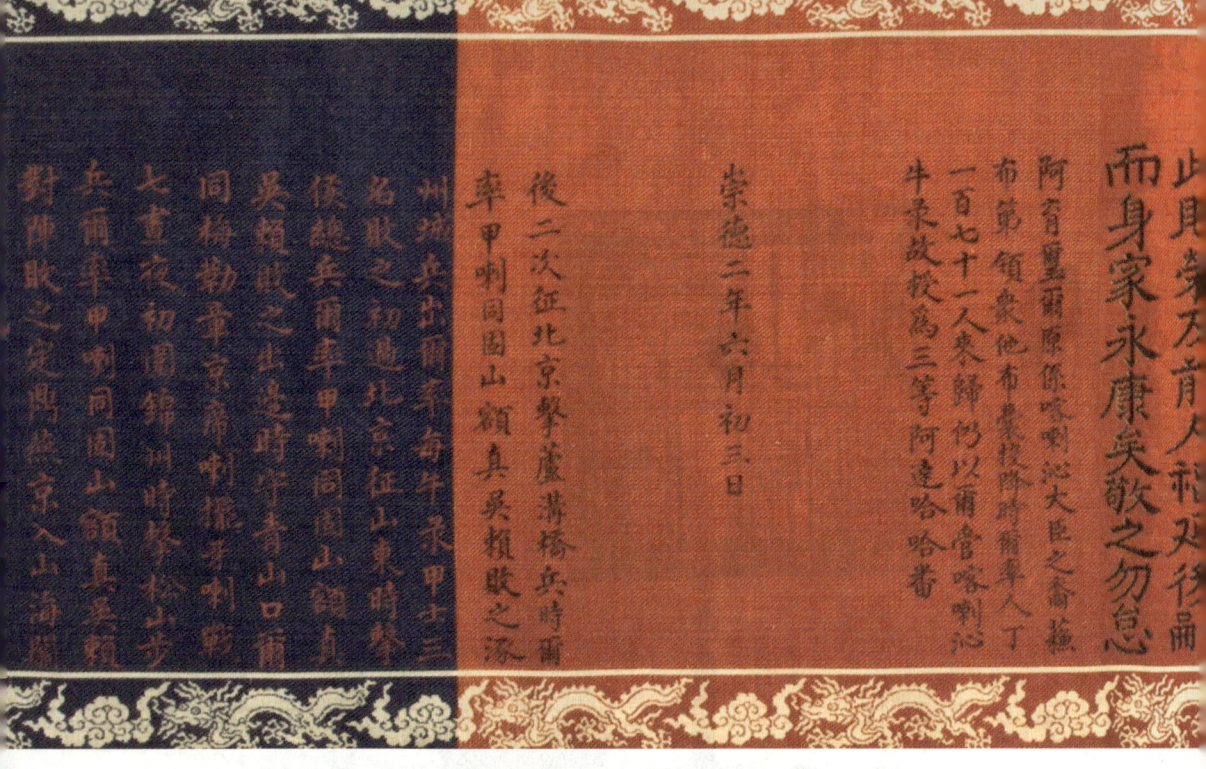

[清] 皇太极圣旨（局部）

作为清朝的开国皇帝，皇太极的圣旨数量众多，内容涵盖政治、军事、文化、宗教等多个方面。这些圣旨对我们了解清朝初期的政治、经济、文化等情况有重要价值。圣旨往往以满文书写，可能配有汉文或蒙文的翻译。

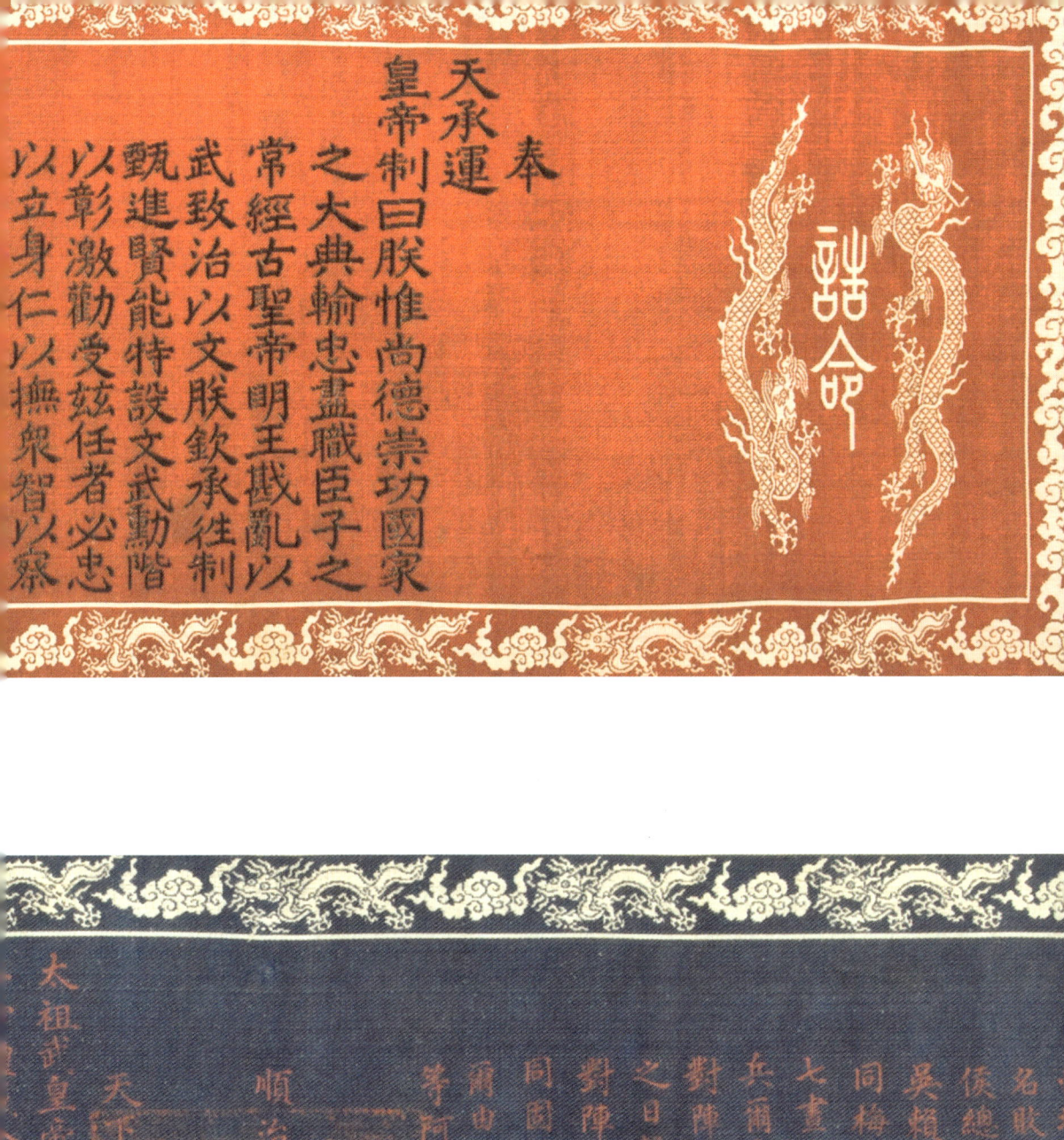

前也不下拖床,甚至一直坐着拖床进了努尔哈赤的汗王宫。努尔哈赤大吃一惊:"是谁这么大胆子,竟敢擅闯汗王宫?!"努尔哈赤大声惊呼,惊动了很多人。直到此时,乌拉那拉氏才猛然意识到:自己可能闯下大祸了!当努尔哈赤看清是自己的儿媳妇,是傲慢的乌拉那拉氏时,他大皱眉头,心想:这个儿媳妇果然傲慢,居然把谱儿摆到我这里来了。于是,他似乎没有看到儿媳妇的拜见,只是坐在那里,一言不发。这场不愉快的拜见,就在尴尬中结束了。

努尔哈赤余怒未消,看到皇太极时脸色都不对了。皇太极要怎么办呢?这件事来得太突然了。他必须果断地采取措施,因为此时他正与代善争夺汗位继承人的位置,不能因为一个女人断送了自己的前途和事业。于是,皇太极跑到努尔哈赤那里表示:休弃继妃乌拉那拉氏。努尔哈赤一听大加赞赏:"对,休了她!"于是,皇太极狠心地休了自己的妻子。

可怜的乌拉那拉氏自以为功劳很大,却因为性格问题被休回娘家。让她更为伤心和绝望的是,她的女儿才那么小,就要被迫与母亲分离了。

居然把侧妃赏给别人

皇太极很特别,他居然两次把自己的侧妃赏赐给大臣。

一位是叶赫那拉氏。她在嫁给皇太极前有过婚嫁,她的丈夫是正黄旗包衣喀尔喀玛,他们生有两个儿子。后金天命四年(1619年),喀尔喀玛在战斗中被努尔哈赤俘获,努尔哈赤处死了他。"太祖皇帝让乌努春之母进了太宗皇帝的院子",这里的"乌努春之母"就是叶赫那拉氏。可以看出,叶赫那拉氏是作为战利品被努尔哈赤赏赐给了皇太极。皇太极虽然不喜欢,但这是父汗的赏赐,是一定不能拒绝的。这是叶赫那拉氏第一次改嫁。9年后,叶赫那拉氏为皇太极生下了第五子硕塞。从历史上看,硕塞非常优秀,屡立战功,后来被封为亲王,是清初八大铁帽子王之一。可这一切,叶赫那拉氏都没能看到。不久,她的命运就发生了戏剧性的变化——她必须改嫁他人。皇太极即位后,就有了权力处理这个他并不喜欢的女人——让她出宫改嫁。但皇太极出于政治因素考虑,不能让她随便嫁人。于是,叶赫那拉氏被指定的改嫁对象是皇太极的内大臣占·土谢图。要知道,内大臣是自己的身边人,把叶赫那拉氏赏赐给他,他一定会感激不尽的,这是多么高规格的赏赐啊!但叶赫那拉氏很不幸,不久后,占·土谢图在跟随皇太极打猎时,被老虎咬伤身亡,她被迫再次改嫁。她的第四任丈夫是镶黄旗轻车都尉达尔琥,她后来在达尔琥家去世。

另一位是扎鲁特博尔济吉特氏。扎鲁特博尔济吉特氏是扎鲁特部贝勒戴青之女,长得漂亮,又很贤良,远近闻名。后金天聪六年(1632年)二月,关于此女的消息居然传到了皇太极的耳中。皇太极此时正好缺东宫福晋,于是

［清］ 龙凤呈祥墨饼

墨饼呈圆形，墨面雕一龙一凤，描金，并点染朱色，墨背刻"龙凤呈祥"四字。

022

他给戴青下旨："我召来观之，中则留于宫内，不中则遣之还。"而后，扎鲁特博尔济吉特氏奉命来到城外，皇太极亲临相看。两人见面时，皇太极被扎鲁特博尔济吉特氏的美貌吸引，立即将其迎入宫中，"册为东宫福晋"。扎鲁特博尔济吉特氏入宫后，一度很得宠。连续生育最能说明问题了。天聪七年（1633年），她生下第六女；天聪九年（1635年），生下第九女。实际上，她是这一时期皇太极后宫中生育子女最多的后妃。但就在她尽享人生之乐时，形势急转直下——突如其来的谕旨，把正在坐月子的她打蒙了。这天正是她生下第九女的第11天，十月初七，窗外刮着瑟瑟的北风，她虚弱的身体还没有恢复，可她不得不爬起来接旨："不合汗意，改适叶赫部德勒格尔台吉之子南褚。"这简直是晴天霹雳，她甚至不敢相信自己的耳朵。我们也是不敢相信，这简直太不合常理了。大家可能要问，南褚是什么人？皇太极为什么要把东宫福晋赏给他？《八旗满洲氏族通谱》显示，南褚姓叶赫那拉，是皇太极的表侄，官至巴牙喇纛章京，相当于护军统领，正二品武官。南褚在招降林丹汗旧部时立有功劳，皇太极大赏功臣时，南褚位列其中。皇太极为了表彰南褚，将自己的东宫福晋赏给了他。

[清] 冬朝冠

朝冠采用圆形卷檐式设计，典雅大方。冠顶的装饰尤为精致，铜镀金累丝顶分为两层，每层都饰有一只凤凰，冠后部垂青色丝绦一束，黑色熏貂皮护领一张。这应该是妃子在冬季戴的朝冠。

姑侄三人嫁一夫

在皇太极的多段婚姻中，有一段是他娶了姑侄三人。这种情况在今天看来不可思议，可在那个时代是很正常的。

这里需要特别说明的有两个问题：一个是皇太极为什么重视与蒙古科尔沁博尔济吉特氏女子结为夫妻，另一个是最先进宫的哲哲为什么极力把自己的两个侄女拉进皇太极的后宫之中。只要搞清这两个问题，姑侄三人共嫁皇太极这个情况就好理解了。

先说第一个问题。

皇太极为什么重视与蒙古科尔沁博尔济吉特氏女子结为夫妻呢？因为这个蒙古家族是令人羡慕的"黄金家族"。据考证，成吉思汗的十世祖始用"孛儿只斤"，这个姓氏后来被译为"博尔济吉特"。1206年，成吉思汗建立大蒙古国，他的家族逐渐被赋予"黄金家族"的称号。元朝灭亡后，博尔济吉特氏被视为成吉思汗的后代，在蒙古人心中享有崇高的地位。因此，努尔哈赤、皇太极才对这个姓氏的女子格外垂青。

接下来说第二个问题。

先说哲哲进宫。在皇太极的后宫中，第一个进宫的博尔济吉特氏女子是哲哲。万历四十二年（1614年），科尔沁贝勒莽古斯亲自送15岁的女儿哲哲与皇太极成亲，皇太极亲自迎接，大宴成婚。哲哲与皇太极的婚姻实际上是政治婚姻，是努尔哈赤的政治安排，因而在皇太极的家庭中，哲哲的地位很高。后来，哲哲安排了自己的两个侄女先后嫁给皇太极。

哲哲有一个很大的心病，就是她与皇太极婚后七八年都未能生育，这让

[清] 佚名 《孝庄文皇后朝服像》

画中的孝庄文皇后身着华贵的朝服，端坐在宝座上，庄重威严。这幅画笔法精工，设色富丽。

[清] 佚名 《历代帝王贵妃大臣朝服像（孝庄文皇后）》

孝庄文皇后，博尔济吉特氏，科尔沁贝勒之女。她是清初重要的政治人物，深受康熙帝的敬爱。

她焦急万分。尤其是此时让皇太极"接班"的呼声很高，哲哲更加不安。要知道，皇太极的继妃乌拉那拉氏已经生育了他的长子豪格，如果自己不能生皇子，将来皇太极去世，豪格"接班"，自己就会寄人篱下。怎么办呢？她决定让自己年轻貌美的侄女布木布泰进宫，嫁给皇太极。后金天命十年（1625年），吴克善护送年仅13岁的妹妹布木布泰来到后金。布木布泰嫁给了比她大21岁的姑父皇太极。布木布泰就是后来大名鼎鼎的庄妃。庄妃聪明机灵，辅佐姑姑打理后宫，哲哲很满意。

可布木布泰的进宫还是没能消除哲哲的担心；相反，她的压力越来越大了。怎么回事呢？原来，哲哲和布木布泰两个人都没生下皇子。直到天聪八年（1634年），哲哲只生了三个公主：后金天命十年（1625年）生皇二女，天聪二年（1628年）生皇三女，天聪八年生皇八女；布木布泰也生了三个公主：天聪三年（1629年）生皇四女，天聪六年（1632年）生皇五女，天聪七年（1633年）生皇七女。这姑侄俩接连生育，可生的都是公主，这让哲哲焦急万分，再这样下去怎么办啊？哲哲万般无奈，又做了一个重要决定：让自己另外一个侄女海兰珠进宫，一定要生出皇子。在这种情况下，哲哲另外一个侄女，庄妃26岁的姐姐海兰珠在天聪八年由哥哥吴克善护送，风光地嫁给了皇太极。

至此，在皇太极的后宫中，就有了姑姑侄女三人——哲哲、布木布泰和海兰珠共侍一夫的情况。

皇太极后宫中的二婚女人

古代帝王拥有天下，他们大可不必娶二婚的女子。可让人没有想到的是，在皇太极的后宫中，居然有很多妃子是二婚的。

这种女子改嫁的现象，早在努尔哈赤时期就有，一个典型的实例就是努尔哈赤的继福晋衮代。衮代在嫁给努尔哈赤之前嫁给了威准，并给威准生了三个儿子。可是威准在一次战争中阵亡了，年仅29岁。于是，衮代便带着襁褓中的昂阿拉改嫁努尔哈赤，并为努尔哈赤生下了三个孩子：莽古尔泰、德格类、莽古济。

皇太极即位后，为了政治上的需要，开始笼络蒙古，曾经两度迎娶林丹汗的遗孀。

林丹汗（1592—1634年），蒙古最后一任大汗。万历三十二年（1604年），13岁的他继任汗位。天聪六年（1632年），皇太极远征林丹汗，兵分三路穷追不舍。林丹汗不抵后金强大的攻势，于天聪八年（1634年），率所部4万之众逃奔青海。这年夏天，林丹汗在西拉他拉大草滩病逝。林丹汗病死后，他的部下逐渐土崩瓦解，他的遗孀们开始寻找出路。

皇太极抓住这一有利时机笼络蒙古。林丹汗的遗孀们过来后，会带来她们的家族。这些人一旦归顺了，就会对其他蒙古人产生影响。她们要是投靠了后金的敌人，那就麻烦了。因此，皇太极决定接纳林丹汗的遗孀们，借以笼络她们。他接纳了林丹汗的两个遗孀。

第一个是博尔济吉特·巴特玛璪。

巴特玛璪，史料记载她归顺皇太极时很简单，"奉窦土门福晋来归"。

巴特玛璪在林丹汗死后，率先于天聪八年（1634年）八月投归皇太极。因为她是第一个投奔者，所以皇太极给了她极高的礼遇。

第一，准备礼物。对于蒙古人而言，最好的礼物是马匹。蒙古人都喜欢宝马良驹，于是皇太极为她准备了4匹宝马，以及豪华的御用马鞍子。

第二，行抱见礼。抱见礼是满洲早期社会生活中，亲朋好友久别重逢、贵宾来临时使用的一种礼俗。"满洲俗，凡别久相见，必互抱以示亲爱"。很显然，皇太极把巴特玛璪看作贵宾，与之行抱见礼，并给予隆重接待。

第三，为其接风。皇太极杀牛宰羊，设大宴为其接风。巴特玛璪出席了宴会，坐在尊贵的位置上，喝着美酒，观赏着精心准备的节目。

当然，我们并不否认巴特玛璪是一个漂亮的妇人，也不否定她的美貌对皇太极的吸引力。但她毕竟是别人的遗孀，皇太极要想娶她，还是有所顾忌的。于是，他特意编了个故事。

故事说，早在巴特玛璪来归的两个月前，有一只漂亮的雌雉飞来，在天空中盘旋了一会儿就直接飞入了皇太极的大帐之中。此外，皇太极还抽到了一支吉祥的签，上书"汗必遇贤美福晋"。

于是，早就看透了皇太极心事的大臣们，纷纷劝皇太极赶紧纳娶巴特玛璪。皇太极虽然很喜欢她，但又担心别人会笑话他，便假装推辞说："还是让给那些家庭不和的贝勒吧。"大家劝得更起劲儿了，纷纷说："这是天意，天意不可违抗。"皇太极这才答应，巴特玛璪终于顺利入宫。

崇德元年（1636年），皇太极在盛京称帝，大封后宫，册封巴特玛璪为衍庆宫淑妃。顺治九年（1652年），加封号"康惠"，称"康惠淑妃"。很可惜，康惠淑妃一生未能为皇太极生儿育女。她与林丹汗的女儿被养在宫里，崇德五年（1640年），皇太极命睿亲王多尔衮娶了她的女儿。

第二个是博尔济吉特·娜木钟。

皇太极接纳娜木钟，纯粹出于政治目的。娜木钟于天聪九年（1635年），率领1500户部众来归，与多尔衮的大军相遇。娜木钟是林丹汗的正室大福晋，八大福晋之首，又称囊囊太后，"囊囊"是"娘娘"的意思。娜木钟的归顺，

[清] 皇后朝服

皇后朝服一般使用鲜艳的颜色，如明黄色，朝服上绣有各种吉祥图案和龙凤纹饰，象征着皇后的尊贵和权威。

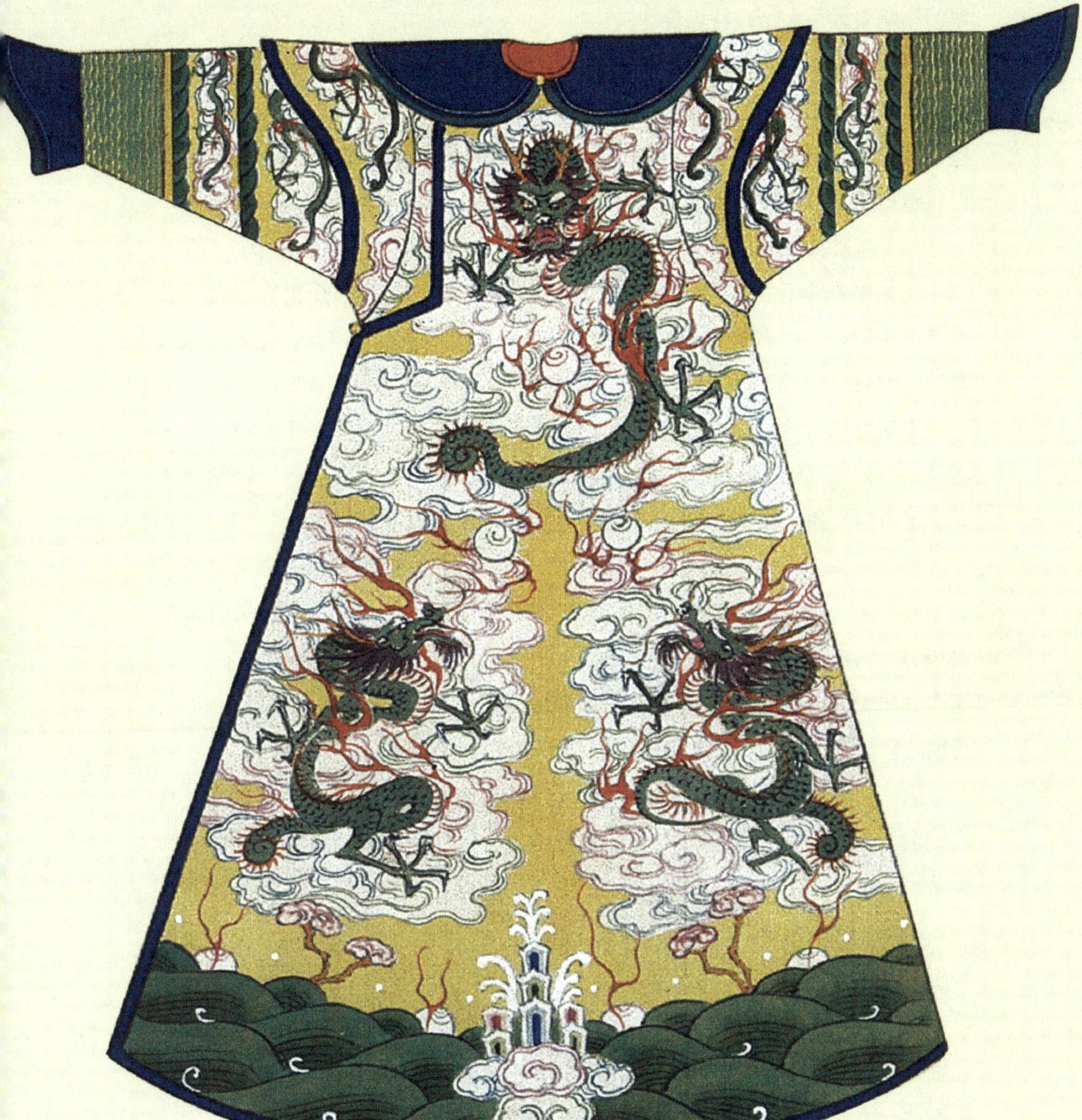

政治影响要远远大于巴特玛璪。

皇太极非常重视娜木钟，便召集王公大臣讨论，其目的是要大家推荐，谁来接受娜木钟。由于之前皇太极已经接受了巴特玛璪，这次就要让别人来接受娜木钟，不然可能会引起非议。大家一致推荐由大贝勒代善接受娜木钟，可代善拒绝了，主要原因如下：

一是年龄大。娜木钟作为林丹汗的大福晋，入宫较早，年龄较大。

二是财产少。据史料记载，虽然娜木钟带着1500户部众投奔后金，却没有多少财产。代善拒绝她的理由也正是"此福晋虽为大福晋，然无财帛牲畜"。消息传来，娜木钟尴尬万分。怎么办呢？

大家继续讨论，总不能就这样把娜木钟拒于千里之外吧？皇太极陷入了沉思，这时王公大臣纷纷上奏："该福晋乃察哈尔汗正统大福晋，汗纳之为宜，不可赐给他人。"说实话，皇太极是不大愿意接纳娜木钟的。

但最终，皇太极还是接纳了娜木钟。皇太极深谋远虑，他想如果怠慢了娜木钟，就等于怠慢了察哈尔部，万一受此影响，他们投奔了明朝或其他敌对势力，与后金为敌，那就坏了大事。于是，皇太极把娜木钟安置在了后宫。娜木钟一颗悬着的心这才落了地。崇德元年（1636年），娜木钟被封为贵妃，居麟趾宫。毫无疑问，皇太极和她毫无感情可言，但她收获颇丰。

第一，给予显号。娜木钟进宫后，在崇德元年被封为贵妃，居崇德五宫后妃的第三位，终于苦尽甘来。皇太极病逝后，顺治帝继位，娜木钟被封为懿靖大贵妃。

第二，善待娘家人。崇德四年（1639年），贵妃的父母赴盛京觐见。皇太极率诸王、贝勒出怀远门相迎，在清宁宫设宴款待，厚加赏赐。

第三，两次生育。娜木钟入宫后，虽然不受皇太极喜爱，但皇太极还是和她共同生育了两个孩子。这恐怕是对娜木钟最大的安慰了。从这一点推测，娜木钟一定是个颇具智慧的女子。

娜木钟所生的两个孩子是皇十一子博穆博果尔和皇十一女。博穆博果尔在宫中长大，顺治十二年（1655年），受封襄亲王。皇十一女被封为固伦公主。顺治四年（1647年），这位公主下嫁蒙古，圆了娜木钟的梦。娜木钟应该知

[清]　点翠钿子

点翠钿子是清代后妃的一种头饰，属于"满钿"。"满钿"一般与吉服相配，是清代后妃的重要礼制头饰。在吉庆典礼与传统节庆时，皇后、妃嫔通常会戴上这种华丽的头饰，以彰显其尊贵的身份。

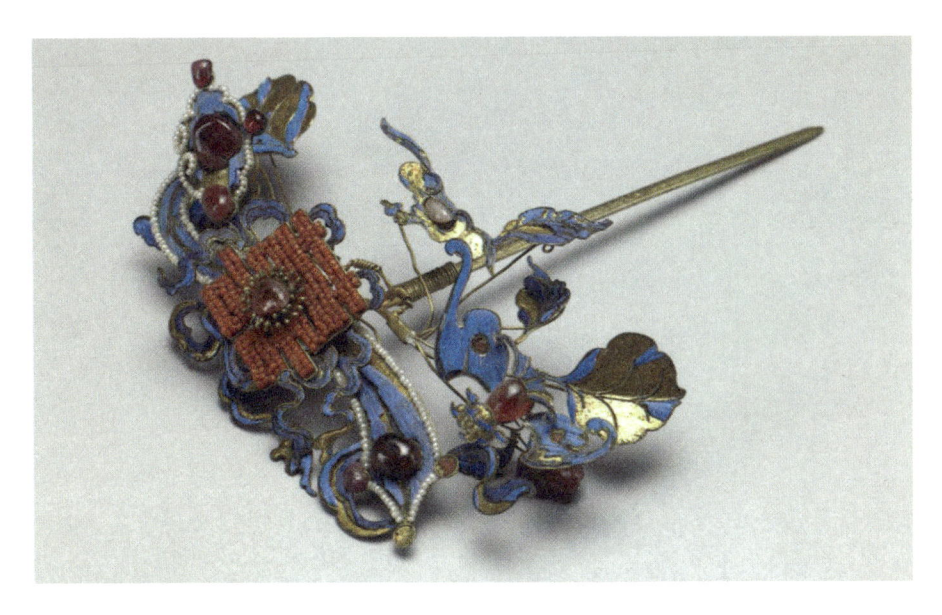

[清]　嵌宝石点翠花簪

这种花簪是清代后妃在吉庆场合、重大典礼中，穿吉服或便服时佩戴的首饰，是后妃首饰中的精品。它不仅彰显了后妃的尊贵地位，也展现了古代工匠的精湛技艺。

足了。

可娜木钟终究是孤独的：两任丈夫林丹汗和皇太极都死在了她的前面，一对儿女也在她生前去世。固伦公主死于顺治七年（1650年），年仅15岁；博穆博果尔死于顺治十三年（1656年），年仅15岁。两个孩子去世后，娜木钟又活了18年，这18年应该是她最孤独的岁月。

钟情海兰珠

皇太极的"崇德五宫"后妃中，以东宫关雎宫宸妃海兰珠最得宠爱。

东宫之所以被赐名为"关雎宫"，是因为《诗经》中有"关关雎鸠，在河之洲。窈窕淑女，君子好逑"的诗句，体现了皇太极对海兰珠的宠爱。

海兰珠与皇太极成婚时已经26岁，并非豆蔻年华。但是她长得漂亮，皇太极十分喜爱她。海兰珠入宫时，皇太极已有43岁，两个人的感情与日俱增。

爱情终于有了结果。崇德二年（1637年），宸妃在关雎宫生下一位皇子，按长幼排序，是皇太极的第八子。排行第八，按说没有立储的希望，但皇太极爱屋及乌，为皇八子举行了隆重的诞生庆典，连蒙古王公都带着丰厚的贺礼前来祝贺。人们意识到，这个宠妃的儿子有可能是将来的继承人。

然而，备受娇宠的皇八子不满周岁便夭折了。痛失爱子，让皇太极与宸妃十分悲痛。受打击最大的是宸妃，皇儿去后，她不思饮食，彻夜难眠，不久身染重病，终于撒手人寰，年仅33岁。

宸妃病危时，皇太极并不在她身边，他正率军在前线作战。可当他得知宸妃病危后，立即离开战场，星夜疾驰赶往盛京，探望宸妃。但一切都晚了，皇太极刚入盛京，就传来了宸妃去世的噩耗。皇太极大惊失色，急入大清门，直扑关雎宫。此刻，他的心里没有别的，都是宸妃。

看到宸妃的遗体，皇太极会怎么样呢？据《清史稿·后妃列传》记载："上恸甚，一日忽迷惘，自午酉始瘥。"也就是说，皇太极悲痛至极，昏厥了。宸妃之死对皇太极的精神打击实在是太大了，使其"饮食顿减，圣躬违和"，最终生了一场大病。

[清] 佚名 《敏惠恭和元妃朝服像》

　　敏惠恭和元妃即海兰珠。在这幅画像中，海兰珠身穿华丽的朝服，端庄、高贵。朝服很精美，既体现了皇家的尊贵，又展现了后妃的优雅。

宸妃的死使皇太极深陷哀恸，难以自拔。他再也走不出对宸妃的思念。他为宸妃频繁地举行祭奠活动，并请喇嘛为宸妃诵经超度。他还亲自撰写感人的祭文。史载他每逢宸妃忌辰"必亲奠，悲恸不止"，甚至多次因过度悲痛晕厥，令随行将士忧心不已。

　　宸妃去世后，皇太极经常不思饮食，身体每况愈下。据档案记载，他此后对于朝政经常"难以躬亲办理"。宸妃去世两年后，皇太极"无疾而终"，突逝于盛京清宁宫，终年52岁。

"庄妃下嫁小叔子"

"太后下嫁"是一桩清宫疑案。崇德八年（1643年）八月初九，皇太极在清宁宫的寝宫南炕突然去世，终年52岁。这一年，庄妃31岁。

所谓"太后下嫁"，是指孝庄太后可能下嫁其小叔子多尔衮的历史疑案。多尔衮比孝庄大1岁，二人年龄相仿。对此，史学界争议未决，主要论据如下：

一、保儿皇位。顺治帝6岁即位，由多尔衮和济尔哈朗辅政。多尔衮手握重兵，权倾朝野，孝庄母子地位岌岌可危，存在通过联姻巩固政权的可能。

二、《建夷宫词》。这是南明儒将张煌言（1620—1664年）的作品。张煌言，字玄著，号苍水，鄞县（今属浙江宁波）人，崇祯时举人，官至南明兵部尚书。他抗清兵败隐居，被俘殉国。他的诗文《建夷宫词》中有这样几句："上寿觞为合卺尊，慈宁宫里烂盈门；春官昨进新仪注，大礼恭逢太后婚。"意思是太后下嫁给了小叔子。

三、尊称皇父。顺治帝即位后，他对多尔衮的称谓几经变化。开始，多尔衮和济尔哈朗共同辅政，被称为摄政王。随着多尔衮势力的增长，他被晋封为"皇叔父摄政王"。顺治五年（1648年）十一月，多尔衮被尊为"皇父摄政王"，这就彻底改变了性质——多尔衮成了名副其实的太上皇。

四、亲到皇宫内院。在一些史料中，记载了多尔衮曾多次"亲到皇宫内院"，这成为顺治帝后期追论其罪的重要由头。多尔衮到皇宫内院去干什么了？现存清代档案未见明确记载。有野史说多尔衮与太后过从甚密，惹恼了顺治帝。

[清] 明黄色八团云龙寿字妆花缎女夹龙袍

龙袍为圆领，大襟右衽，马蹄袖，裾左右开，石青缎素接袖，纹样别致，庄重又不失华丽。

五、收继婚习俗。在关外时，女真部族存在收继婚习俗，即"父死则妻其后母，兄死则妻其嫂"，这种现象很普遍。那么，如果太后和多尔衮之间产生恋情，也是正常的。

六、顺治帝报复多尔衮。多尔衮暴亡后，顺治帝亲政。顺治帝下诏追论多尔衮罪状，削爵夺谥，撤庙享，罢追封，抄没家产。但这些依然不能平息顺治帝的怒火，很快他又下令将多尔衮豪华的陵墓平毁，掘墓戮尸示众。这种过激的举动实在令人费解。

七、夫妻分葬。这可能是持太后下嫁观点的人常引用的一条推论。太后崩逝后，并没有按照"夫妻合葬"的习俗归葬沈阳昭陵，与她的丈夫皇太极合葬，而是葬在了河北遵化的清东陵。

上述理由和证据言之凿凿，但我们认为，"太后下嫁"之说并不成立。

为何逼迫其母殉葬

后金天命十一年（1626年）八月初七，努尔哈赤病重，急召大妃阿巴亥前往侍疾。阿巴亥怀着极其复杂的心情见到了努尔哈赤。他们在一起共待了四昼夜，努尔哈赤于八月十一日去世。

就是这几天的时间，彻底改变了大妃阿巴亥的命运。因为在努尔哈赤临终之际，大妃阿巴亥是唯一陪伴在他身边的人。

大家都十分关心，努尔哈赤在临终之际和大妃说了些什么，是否提到继承人的问题……这些实在是太敏感了。

努尔哈赤征战一生，早期暗示过由代善来继承汗位。这一点是有史实依据的。史料记载，努尔哈赤说过："俟我百年之后，我的诸幼子和大福晋交给大阿哥收养。"这句话说得再明确不过，也就是说，努尔哈赤安排了后事，将来的汗位要传给代善。而代善本人宽柔、善良，军功也大。

但天命五年（1620年），代善被指控和大妃往来过密，这激怒了努尔哈赤，大妃因此遭到休离，代善继承汗位的愿望随之破灭。

有史学家推测，天命五年的事件是皇太极一手策划的。他收买了努尔哈赤的小福晋代音察，代音察向努尔哈赤举报代善和大妃往来过密。皇太极想要继承汗位，就必须打倒代善。通过这个事件，皇太极不但打倒了代善，还使大妃遭到休离。如果这个事件真是皇太极策划的，那他实在太厉害了，达到了一石三鸟的目的：打倒了代善，冷落了大妃，抬高了自己。

不过，大妃很快就东山再起，恢复了地位。这主要是因为大妃生育了三个儿子：阿济格、多尔衮、多铎。努尔哈赤十分喜爱这三个儿子，阿巴亥被

[清] 皇帝冬服冠

皇帝冬服冠是清朝皇帝在冬季所戴的冠帽，它在设计和制作上都非常讲究，既注重保暖功能，又追求精致华丽。

[清] 皇帝冬服

皇帝冬服是清朝皇帝在冬季穿的正式服饰，设计精美，体现出皇家的威严与尊贵。

休离一年后又被立为大妃。这让足智多谋的皇太极大伤脑筋。

尤其是努尔哈赤在临终之际急召大妃前来，一定是要交代后事。而最关键的是，努尔哈赤很有可能交代由谁来继承汗位。努尔哈赤临终前和大妃谈话，大妃又有三个得宠的儿子，那么，汗位继承人极有可能从大妃所生的阿济格、多尔衮和多铎之中产生。这三个儿子阿济格22岁，多尔衮15岁，多铎13岁。阿济格虽年长，作战勇敢，但有勇无谋；多铎年龄尚小，没有希望；那就只有多尔衮最有希望了。天命五年，多尔衮9岁，已跻身于参与国政的和硕额真行列，可以看出努尔哈赤对其寄予厚望。

所以努尔哈赤去世后，皇太极必然要设计除掉大妃阿巴亥，以绝后患。否则，阿巴亥凭借努尔哈赤"遗嘱"拥子继位，皇太极就没有机会了。

用什么办法能够除掉大妃呢？只有一个办法，那就是迫其殉葬。可大妃殉葬，必须有努尔哈赤的遗嘱才可以。大妃地位高，又生育三个儿子，多铎的年龄不大，需要母亲照顾，她是不具备殉葬条件的。

皇太极绞尽脑汁，纠集代善等众阿哥逼迫大妃殉葬。但大妃岂能甘心？她不想就此死去，资料记载她"支吾不从"，皇太极等人便打着努尔哈赤的旗号，逼迫她："先帝有命，虽欲不从，不可得也。"可怜的阿巴亥走投无路，只好交代后事，请求皇太极善待自己的三个儿子，随后便自尽身亡，年仅37岁。

皇太极除掉了大妃，代善眼看自己继位无望，便极力拥戴皇太极继承汗位，皇太极的目的终于实现了。

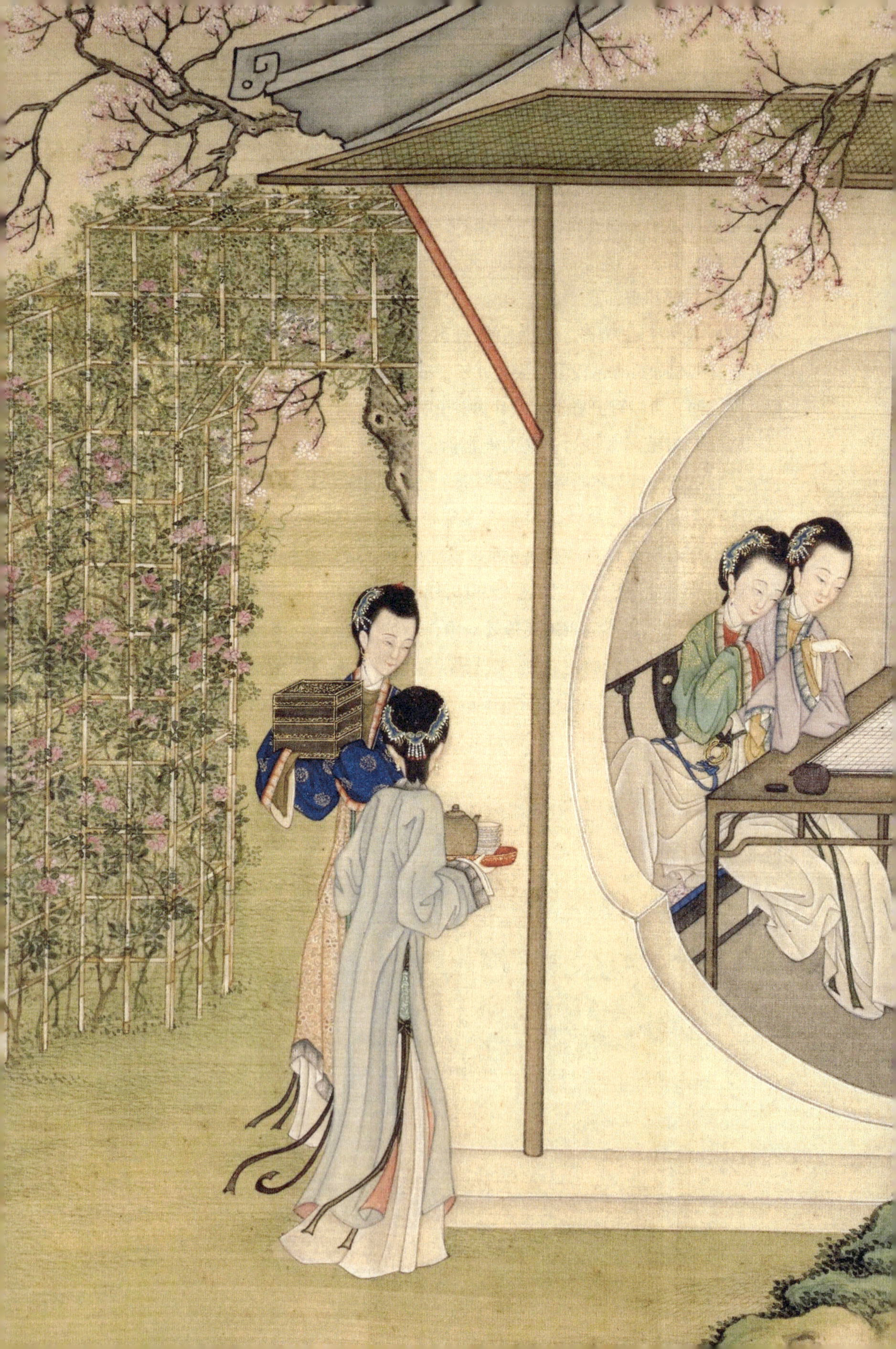

叁

顺治帝后宫

16 岁天子坚决废后

顺治十年（1653年），清宫里发生了一件大事，那就是顺治帝废掉了中宫皇后。这件事非同小可，因为皇家废掉皇后不比民间休妻。皇后是国母，要废掉她，将会震动朝野。顺治帝为什么非要废掉中宫皇后呢？

一是这桩婚事是包办的。他和中宫皇后博尔济吉特氏的婚姻是包办的。大家可能觉得顺治帝做得不对，那个时候可不就是"父母之命，媒妁之言"吗？但这个包办人不是他的父母，而是他的叔叔多尔衮。多尔衮为摄政王期间，独揽朝纲，权倾朝野，使顺治帝深怀怨怼。又兼当时民间流传"太后下嫁"之说，令皇室颜面受损。所以多尔衮去世后，顺治帝亲政，这桩婚事还怎么能维持下去呢？

二是这桩政治婚姻由皇太后主导。这个中宫皇后是顺治帝亲舅舅吴克善的女儿博尔济吉特氏。顺治八年（1651年），吴克善亲自送女儿到京师，与顺治帝举行大婚典礼，博尔济吉特氏被册立为中宫皇后。皇太后为进一步巩固博尔济吉特氏在后宫的地位，尤其重视与蒙古科尔沁部联姻，先后为顺治帝选了六位蒙古后妃，皇后即其兄吴克善之女。但此联姻引起顺治帝强烈抵触。皇太后虽惊异于顺治帝的叛逆，但仍坚持联姻以巩固权势。最终大婚依制有条不紊地进行：顺治八年六月十八日，行纳彩礼；八月十三日，举行大婚典礼；八月十四日，为母后加徽号，尊母后为"昭圣慈寿恭简皇太后"；八月二十日，大赦天下，颁发恩诏。

可顺治帝有自己的反抗之法：分居。自大婚之后，帝后关系不谐，顺治帝长期冷落皇后，让她独守空房。皇太后责问顺治帝，顺治帝列举了皇后的

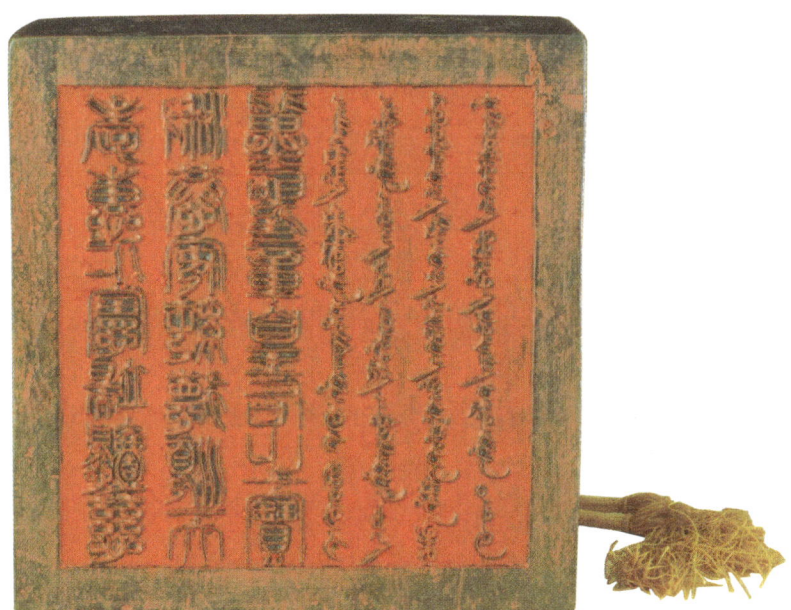

[清]　玉质孝惠章皇后之宝

　　玉质孝惠章皇后之宝为碧玉制，宝上端雕有玲珑坐龙纽，系以明黄丝绳，形制尊贵。

[清] 孝惠章皇后谥册

孝惠章皇后谥册是清代珍贵文物,乾隆元年(1736年)制,共10页,玉质莹润。册文记述了孝惠章皇后的功德业绩,满汉文对照,填金刻字,精美华贵。

种种劣迹。

第一,品行不端,"乃处心弗端"。您说,我怎么会喜欢一个心术不正之人呢?第二,忌妒心强,"嫉刻甚,见貌少妍者即憎恶,欲置之死"。皇后看见漂亮一点儿的妃嫔就想处死她,这还得了?第三,猜疑心重,"虽朕举动,靡不猜防"。她对我像防贼一样,这哪里是中宫皇后的样子呢?第四,太过奢侈。顺治帝举了两个例子:一个是穿的,"凡诸服御,莫不以珠玉绮绣缀饰";另一个是用的,"尝膳时,有一器非金者,辄怫然不悦"。

最后,顺治帝做了一个惊人的决定:废掉皇后。此言一出,朝野震惊,皇太后也极为惊讶。怎么办呢?赶紧让大家来劝阻吧。于是,各位大臣劝顺治帝不要冲动。

首先是大学士冯铨等人。冯铨等人劝顺治帝要"深思详虑,慎重举动"。他们引用前朝三位皇帝汉光武帝、宋仁宗、明宣宗废后的实例劝顺治帝不要因"废后一节,终为盛德之累"。其次是礼部尚书胡世安。胡世安是明朝旧臣,明崇祯元年(1628年)进士,明亡后在清朝接着做官,老于世故。胡世安劝了两点：一是劝皇帝要"慎重详审"，不要莽撞行事；二是要大家一起商量。再次是礼部员外郎孔允樾。孔允樾是孔子的后人，他上了一篇长长的奏折，阐述不能废掉皇后的理由。孔允樾指出："皇后正位三年，未闻失德，特以'无能'二字定废嫡之案，何以服皇后之心？何以服天下后世之心？君后犹父母，父欲出母，即心知母过，犹涕泣以谏；况不知母过何事，安忍缄口而不为母请命？"又次是宗敦一等十四位御史。宗敦一等人上奏："皇后未闻失德，忽而见废……伏乞皇上收回成命。"最后是诸王公大臣合议。郑亲王济尔哈朗召集王公大臣再次讨论，请求顺治帝不要废掉皇后。同时，他们又提出了一个折中方案：皇后位中宫，而别立东、西两宫。

但顺治帝态度十分坚决，就是要废掉皇后。于是，顺治十年八月二十六日，皇后被降为静妃。

受冷遇的中宫皇后

这一篇要讲的是顺治帝的第二任皇后。她的婚姻很不幸。

这是一段"被人绑架"的婚姻，主人公14岁就被指婚给了其姑父顺治帝。她的姑姑是被废的中宫皇后。从进宫开始，她就有不祥的预感。那么，她进宫之后的生活究竟怎么样呢？

她的预感是正确的，顺治帝不喜欢她。因此，她也成为政治婚姻的牺牲品。令她没有想到的是，她和其姑姑一样，遭遇了残酷的废后风波。

顺治十四年（1657年）冬，皇太后生病了，皇贵妃董鄂氏朝夕侍奉，皇后没有亲自去侍奉，也没有派人去问安。顺治帝打算以皇后有违孝道为由，谕令群臣讨论废后之事。

其实，这次顺治帝之所以故技重施就是为了董鄂氏。董鄂氏一进宫就得到了顺治帝的照顾，位份一路直升，一个多月便由妃子晋升为皇贵妃，这在清代历史上是十分罕见的。不仅如此，顺治帝还想废掉中宫皇后，让董鄂氏取而代之。顺治帝简直太过分了。董鄂氏是什么态度呢？董鄂氏坚决反对皇帝这么做，她跪在地上磕头说，如果皇上废掉皇后，那她就没法活了。

顺治帝面临两大阻力：一个是母后的坚决反对，另一个是爱妃的拼死相劝。在这种情况下，顺治帝只好不再提废后之事，恢复了皇后统领后宫的权力。

顺治十八年（1661年）正月初七，顺治帝去世，皇后刚刚21岁，正是花样年华，却成了寡妇。她有两个担忧：一是自己没有生育，孤苦无依，加上深宫寂寞，将来的日子怎么打发呢？二是新皇帝继位，那是人家的儿子，自

［清］皇贵妃冬朝服（前式）

［清］皇贵妃冬朝服（后式）

[清]皇贵妃朝褂（前式）

己虽然被尊为仁宪皇太后，但是皇帝有亲生母亲，自己不过是徒有虚名而已，万一皇帝不孝敬自己，那该怎么办呢？

可是她的运气极好，遇到的是一位非常不一般的皇帝，也是一位非常孝顺的皇帝——康熙帝。

康熙帝怕太后寂寞，就把自己的一个皇子交给太后抚养，为太后排解寂寞，小孩子在身边，肯定非常热闹。太后非常高兴，很感谢康熙帝的贴心安排。

康熙帝还带着太后回娘家看看，这简直太幸福了。一般来讲，嫁到皇宫里的女人是很少有机会回娘家的。太后没想到，自己守寡之后，皇帝居然会带着自己回到阔别几十年的科尔沁草原。康熙三十七年（1698年）七月二十九日，康熙帝亲奉皇太后出巡塞外，一同前往的还有皇长子、皇三子、皇五子、皇七子、皇九子、皇十子、皇十三子及王公大臣等。他们经密云越长城，通过承德进入科尔沁草原。这是太后离别家乡40多年后第一次踏上故土，让她倍感幸福。

因此，作为顺治帝的第二任皇后，虽然丈夫不爱，可由于康熙帝的孝顺，她的后半生过得非常幸福。康熙五十六年（1717年）十二月初四，太后病危，当时康熙帝的身体也不好，双脚浮肿得几乎无法行走。他用手帕缠裹双脚，乘软舆来到宁寿宫，跪在太后榻前，双手捧着太后的手安慰她。此时，太后的身体极弱，已经不能说话了。她握着康熙帝的手，久久地望着他，眼神里充满了对他的眷恋与感激。十二月初六晚，太后走完了77年的人生之路。

皇帝为何"怕"保母

顺治帝出生后,需要保母照看,宫中为他准备了几位保母。

第一位是朴氏。福临出生不久,朴氏便因"温慧之资"进入皇宫,成为福临的保母之一。

第二位是李嘉氏。李嘉氏是在福临诞生时被选入宫照顾他的。

第三位是叶黑勒氏。叶黑勒氏也是在福临刚出生时被选入宫照看他的。

这三位保母都有过生育经历,有丰富的照看小孩子的经验。同时,她们刚刚生产过,有丰沛的奶水来哺育小皇子。对于清朝的皇子、公主来说,他们最亲近的人不一定是自己的母亲,而可能是保母。因为清朝的后妃不能哺育自己的孩子。福临出生后,与他朝夕相处的是这些保母。

在这三位保母中,福临最喜欢,也最怕的是李嘉氏。李嘉氏入宫后几乎陪伴了福临一生,与福临的感情十分深厚。

福临长大后发生的一件事情,也证明了李嘉氏在他心中有着重要的地位。

顺治十六年(1659年),郑成功率军围攻江宁,眼看南方处境十分危险,顺治帝焦躁且狂怒,他拔出宝剑把皇帝御座劈成碎块,王公大臣吓得不敢言语。接着,顺治帝扬言要御驾亲征。这可是非同小可的事情,弄不好皇帝就会丢掉性命。王公大臣极力反对,但无效。太后也无计可施。怎么办呢?

太后突然想起一个人来,那就是顺治帝的保母李嘉氏。俗话说,知子莫若母。太后知道儿子与李嘉氏的感情很好。

于是,太后找来了李嘉氏,要她劝说顺治帝。可是,这次顺治帝居然没有听李嘉氏的话。我们可以理解,一个大权在握的皇帝,这个时候一定会有

[清] 景德镇珐琅瓷花瓶

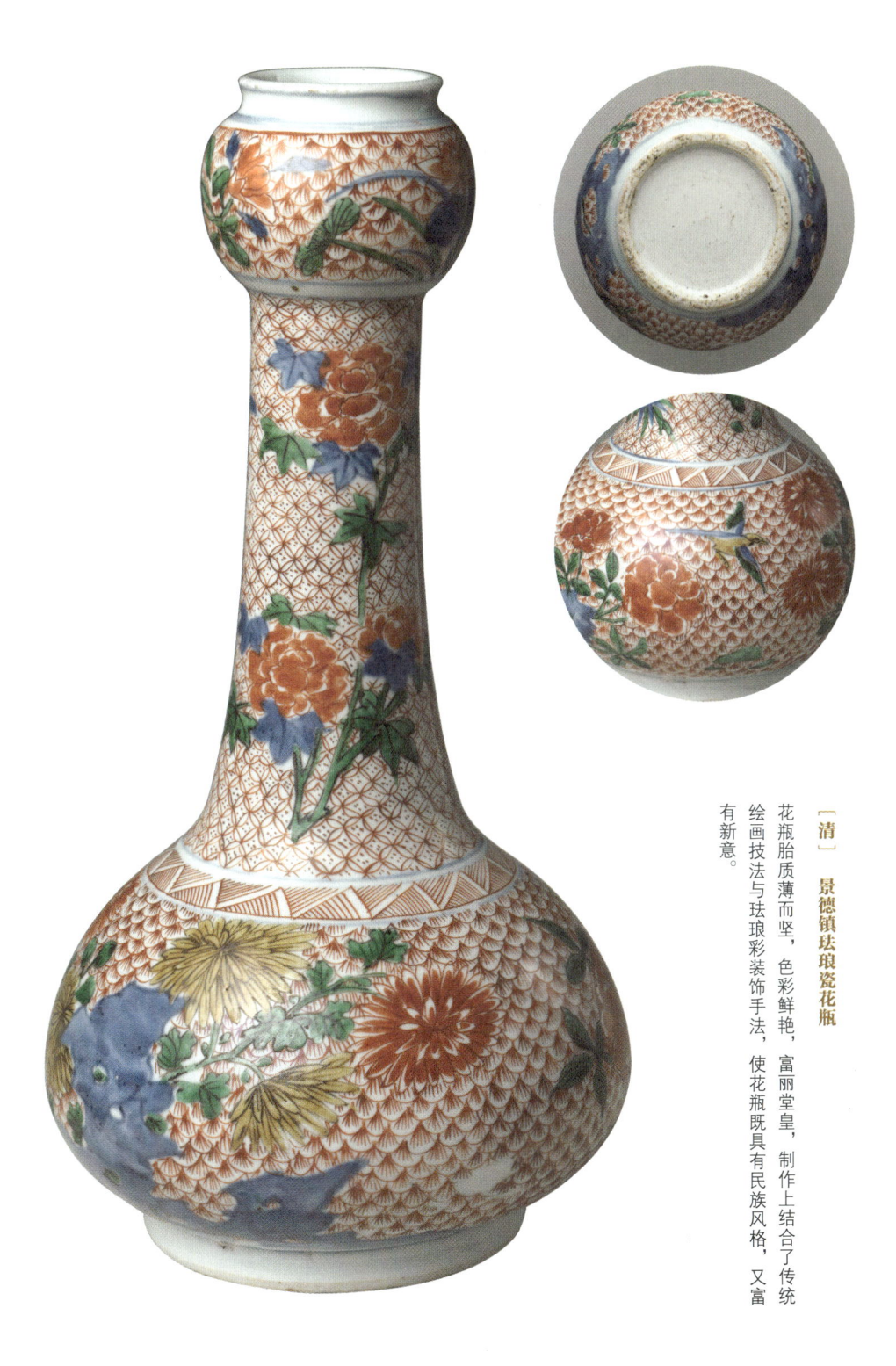

花瓶胎质薄而坚，色彩鲜艳，富丽堂皇，制作上结合了传统绘画技法与珐琅彩装饰手法，使花瓶既具有民族风格，又富有新意。

自己的主见。不过,顺治帝最终还是没有御驾亲征。李嘉氏舒了一口气。从这件事中,我们看到了李嘉氏在顺治帝心中的地位。

顺治十七年(1660年)十二月,李嘉氏病故。顺治帝为她做了两件事。一件是给她建陵,让她陪葬在皇陵旁边。顺治帝为李嘉氏修建了豪华的陵墓,并将她的丈夫满都理一并葬入,这是难得的殊荣。另一件是为她树碑立传,褒扬她对皇家的贡献。顺治帝动情地写下一篇碑文,回忆了李嘉氏对他的周到照顾,"当朕诞毓之年,入宫抚哺,尽心奉侍。进食必饥饱适宜,尚衣必寒温应候。啼笑之间,曲意调和,期于中节;言动之际,相机善导,务合规程"。这是顺治帝对李嘉氏的最高褒奖。

同时,顺治帝在碑文中写道:"即读书明理者未必过是。"就是说,即使是那些读书人,也未必有她明理,可见其对李嘉氏的评价之高。

爱江山更爱美人

在顺治帝的后宫中，有一位让他牵挂的女人，他可以与她倾心交谈，可以与她吟诗作画，可以与她同甘共苦，甚至可以与她共赴黄泉。这个人，就是宠冠后宫的董鄂氏。

董鄂氏（1639—1660年），后被追封孝献皇后，世称董鄂妃，内大臣鄂硕之女，费扬古之姐。董鄂氏入宫时间为顺治十三年（1656年）八月，时年18岁，封贤妃；同年九月二十八日，晋封皇贵妃；同年十二月初六，举行册封典礼，大赦天下。顺治十七年（1660年）八月十九日，董鄂氏仙逝于承乾宫，时年仅22岁；八月二十一日，顺治帝追封董鄂氏为皇后。

董鄂氏是一个非常幸运的女人，她入宫之后得到顺治帝特殊的宠爱，主要表现如下：

一、晋升快。董鄂妃18岁入宫，当月即封为贤妃，这在清朝是罕见的恩宠。要知道，八旗女子入宫，开始很难被封为妃的。

二、欲取代皇后。顺治帝废掉第一位皇后之后，太后又把本家的侄孙女娶了进来，入主中宫。但顺治帝也不喜欢这位皇后，尤其是董鄂氏入宫之后，顺治帝几乎把感情全部倾注在她身上。顺治十五年（1658年），顺治帝想要再次废掉皇后，将董鄂氏扶正，由于董鄂氏的极力阻止，才没有最终实施。

三、生子得宠。顺治十四年（1657年）十月初七丑时，董鄂氏生下皇四子。顺治帝欣喜若狂，做了两件出乎寻常的事情：一是册封这个皇子为第一子——本来是皇四子，却被封为第一子；二是颁诏大赦天下，并为皇四子举行隆重的庆典，这是十分罕见的事情。然而，此子寿命不永，出生三个多月

[清] 丁观鹏 《仿仇英〈汉宫春晓图〉》（局部）

此图生动地再现了初春时节宫中的日常琐事。画中后妃、宫女、皇子、太监等人衣着鲜丽，姿态各异。晨雾掩映远景，杨柳青翠，整幅画作充满了诗意。

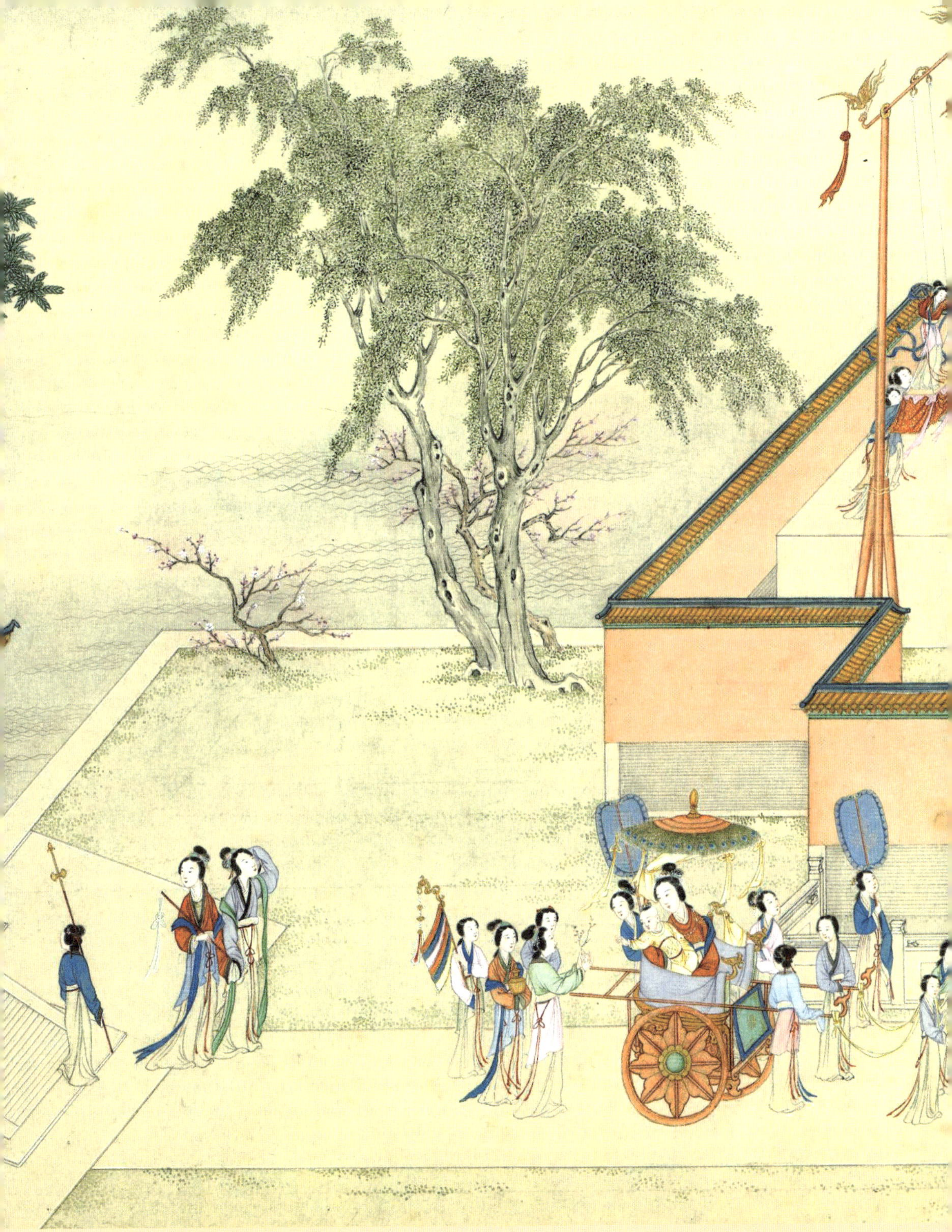

就夭折了。顺治帝悲痛万分，下令追封其为和硕荣亲王，并为他修建了豪华的陵墓。

顺治帝宠爱的董鄂氏在爱子夭折之后，精神恍惚，顺治十七年（1660年）八月十九日，就在爱子夭折两年多后，一代宠妃董鄂氏逝世，终年22岁。

顺治帝悲痛欲绝，他要为自己的爱妃大办丧事。随后，顺治帝做出了许多惊人之举。

一是追封董鄂氏为皇后。董鄂氏去世的时候是皇贵妃，顺治帝却追封她为皇后，可谓死后哀荣。

二是命二品、三品大臣为董鄂氏抬棺材。这些大臣平时养尊处优，哪里干过这种体力活？董鄂氏的棺材中装满了珠宝玉器，沉重得很，这些大臣个个累得龇牙咧嘴。

三是令大学士金之俊为董鄂氏作传。金之俊，字岂凡，江南吴江人，明万历四十七年（1619年）进士，官至兵部右侍郎，明亡后降清，仍任原职。金之俊才华横溢、文采飞扬，顺治帝对他寄予厚望，委托他为董鄂氏写传记。

四是命太监、宫女为之殉葬。据史料记载，顺治帝欲将太监、宫女30名全部赐死，为宠妃殉葬，"免得皇妃在其他世界中缺乏服侍者"。

五是亲自为董鄂氏撰写行状。顺治帝在万分悲痛中，亲自执笔，含泪写下这篇行状，洋洋洒洒数千言，记录了宠妃从入宫到去世的音容笑貌，文笔生动感人，感情发自肺腑。

两个汉族红颜知己

顺治帝的生母在清朝入关初期,对陌生的汉文化有一定的抵触心理,不主张皇帝学习汉文化,不允许汉族女子入宫。她明确规定"有以缠足女子入宫者,斩",并把这道懿旨挂在神武门上。她以为顺治帝会听她的话,远离汉族女子。可让她想不到的是,顺治帝居然反其道而行之。我们查阅史料后发现,顺治帝有过两个汉族的红颜知己。

一个是孔四贞。孔四贞是清初定南王孔有德之女。顺治九年(1652年),孔有德奉命率军前往兴安县严关,被李定国打败。孔有德逃回桂林,李定国乘胜追击,将城包围。不久,城被攻破,孔有德自尽,孔氏几乎满门被杀,只有小女儿孔四贞侥幸逃脱。孔有德部将缐国安攻下桂林,派部队护送孔四贞扶柩进京。孔四贞进京后,被太后收养在宫中。

孔四贞入宫后深居简出。她颇有大家闺秀风范,骑马射箭的功夫也十分了得。孔四贞俊美的容貌、超凡的功夫、脱俗的气质深深地吸引了年轻的顺治帝,他想纳她为妃。

顺治十二年(1655年),太后同孔四贞聊天时问她有没有订婚,孔四贞说她父亲在世时,已经把她许配给了其部将孙龙之子孙延龄。父母之命,媒妁之言,是不能违抗的。原本太后想将孔四贞立为东宫皇妃,听她这么一说,只好将她认作养女,封和硕格格。

顺治帝尊重了孔四贞的选择。

另一个是石氏。石氏是直隶滦州人,是顺治帝后宫唯一的汉妃。本来满汉是不通婚的,但顺治五年(1648年)八月二十八日,顺治帝竟然下了一道

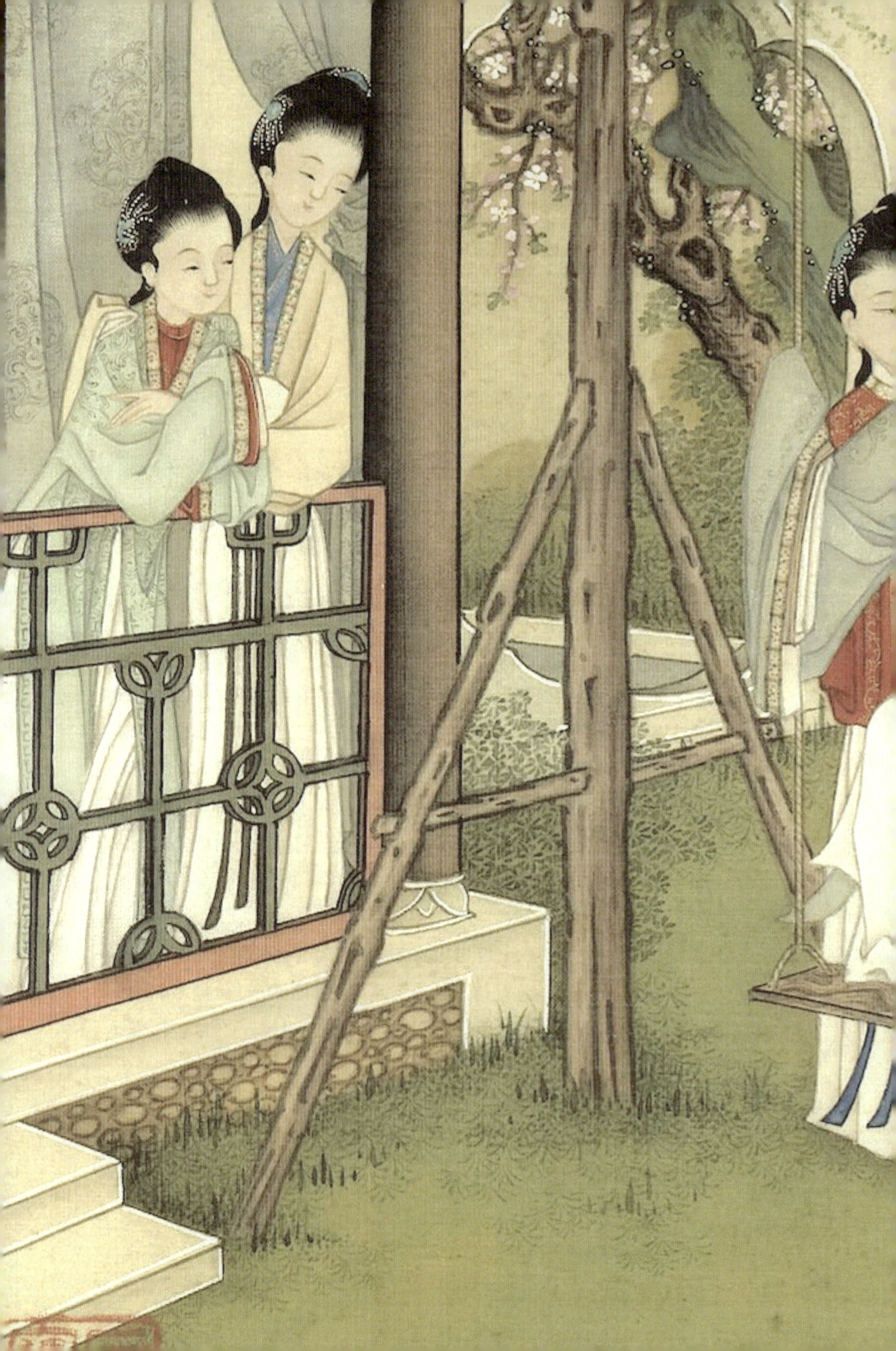

〔清〕 焦秉贞 《仕女图册·柳院秋千》（局部）

此图描绘的是贵族妇女游玩时的场景。画中仕女为汉装打扮，人物形象生动，画法工细，色彩艳丽。

[清] 冷枚 《探梅图》

此图绘一位女子在侍女的陪同下，于后花园内踏雪寻梅的场景。画面线条流畅，色彩雅致。

圣旨，鼓励满汉通婚："朕欲满汉官民共相辑睦，令其互结婚姻。"这道圣旨明确规定满汉可以通婚。就是在这样的背景下，石氏入宫成为顺治帝的妃嫔，居永寿宫。

顺治帝给了石氏两个特权：一是可以在宫中穿汉族的服装；二是加恩她的母亲，特许她的母亲可以乘肩舆入西华门，在内右门下舆入宫看望她，行家人礼。这实在是难得的殊荣。

顺治帝死后，石氏很想念他。康熙六年（1667年）十一月三十日，石氏去世，康熙帝追封她为"皇考恪妃"。

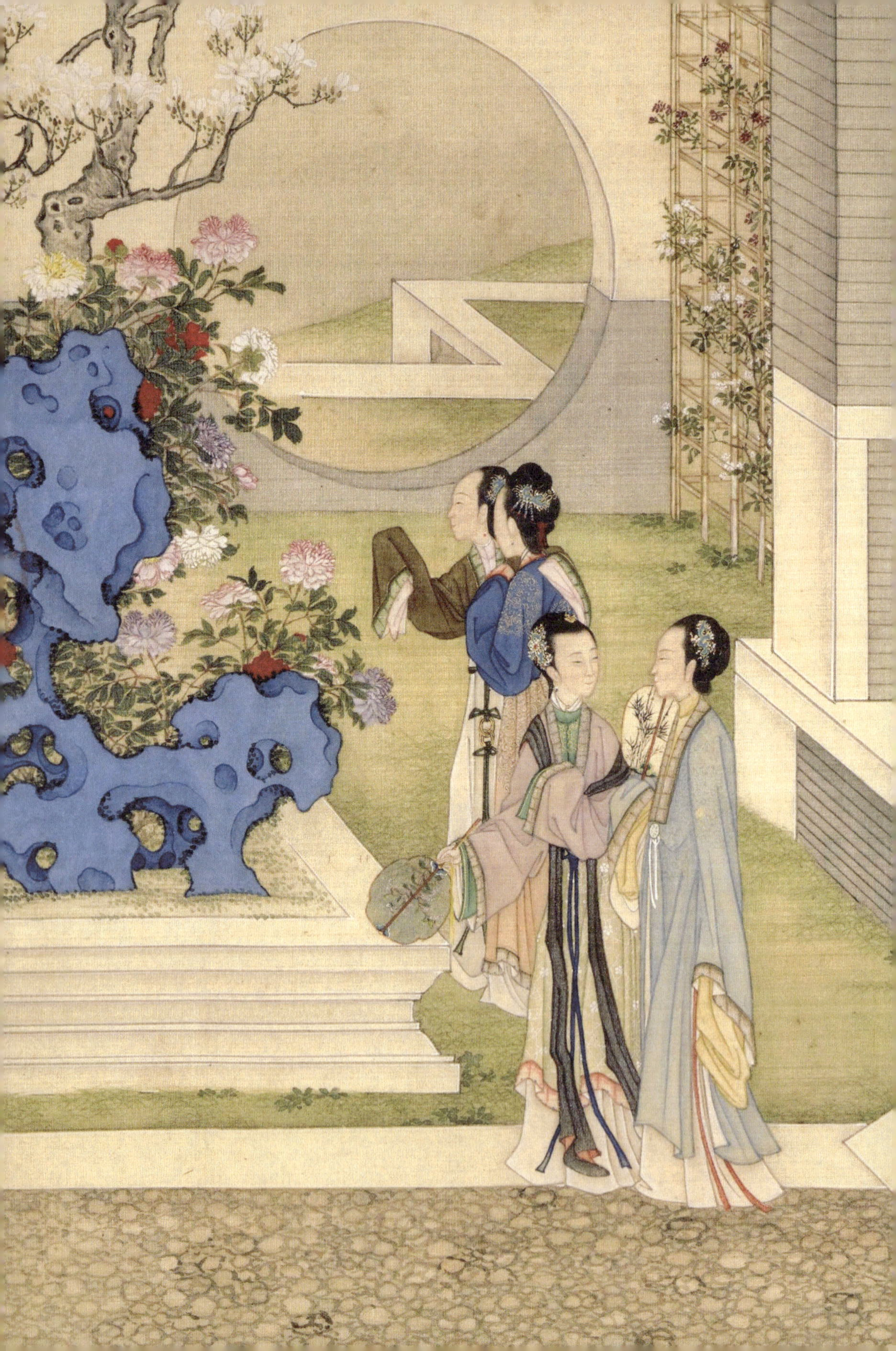

肆

康熙帝后宫

四对姐妹嫁一夫

在康熙帝的后宫中,有四对亲姐妹。这真是颇为有趣,让我们看看都有谁。

第一对是赫舍里氏姐妹。姐姐是皇后,13岁时嫁给12岁的康熙帝。皇后赫舍里氏是从大清门抬进宫的中宫皇后。她为康熙帝生育了两个皇子,于康熙十三年(1674年)生嫡次子时大出血,难产而死,年仅22岁。妹妹是平妃,虽是亲姐妹,但她在宫中的地位远不如姐姐。直到康熙三十年(1691年)正月二十六日生下皇子胤禨,她都没有一个正式的封号。一个多月后,胤禨夭折。5年后,皇后的这个妹妹去世,才被康熙帝追封为平妃。

第二对是钮祜禄氏姐妹。姐姐是康熙帝的第二任皇后,她出身名门,父亲是辅政大臣遏必隆,这样的出身让她在宫中很有地位。不过,皇后钮祜禄氏也有憾事,她一生没有生育,没有孩子对于那个时代的女人来讲是不幸的。后来她继任为皇后,不久身患重病,很快就病逝了。妹妹是遏必隆的三女儿,年轻貌美。她比她的姐姐幸运,康熙二十年(1681年)被册封为贵妃,康熙二十二年(1683年)生皇十子胤䄉,康熙二十四年(1685年)生皇十一女。可她并不长寿,康熙三十三年(1694年)十一月初三,她病逝了。康熙帝为她举行了隆重的葬礼。她头戴凤冠,身上盖着由捻金线织成的团龙棉被下葬,也算是死后哀荣吧。

第三对是佟佳氏姐妹。佟佳氏姐妹是康熙帝的亲表妹,因为康熙帝的母亲孝康章皇后是这对姐妹的亲姑姑。姐姐生了皇八女,却不幸夭折。姐姐的身体不好,为了给她冲喜,康熙二十八年(1689年)七月初九,康熙帝下旨册封佟佳氏为中宫皇后,可惜第二天她还是崩逝了。妹妹比较长寿,虽然没

[清] 佚名 《孝诚仁皇后朝服像》

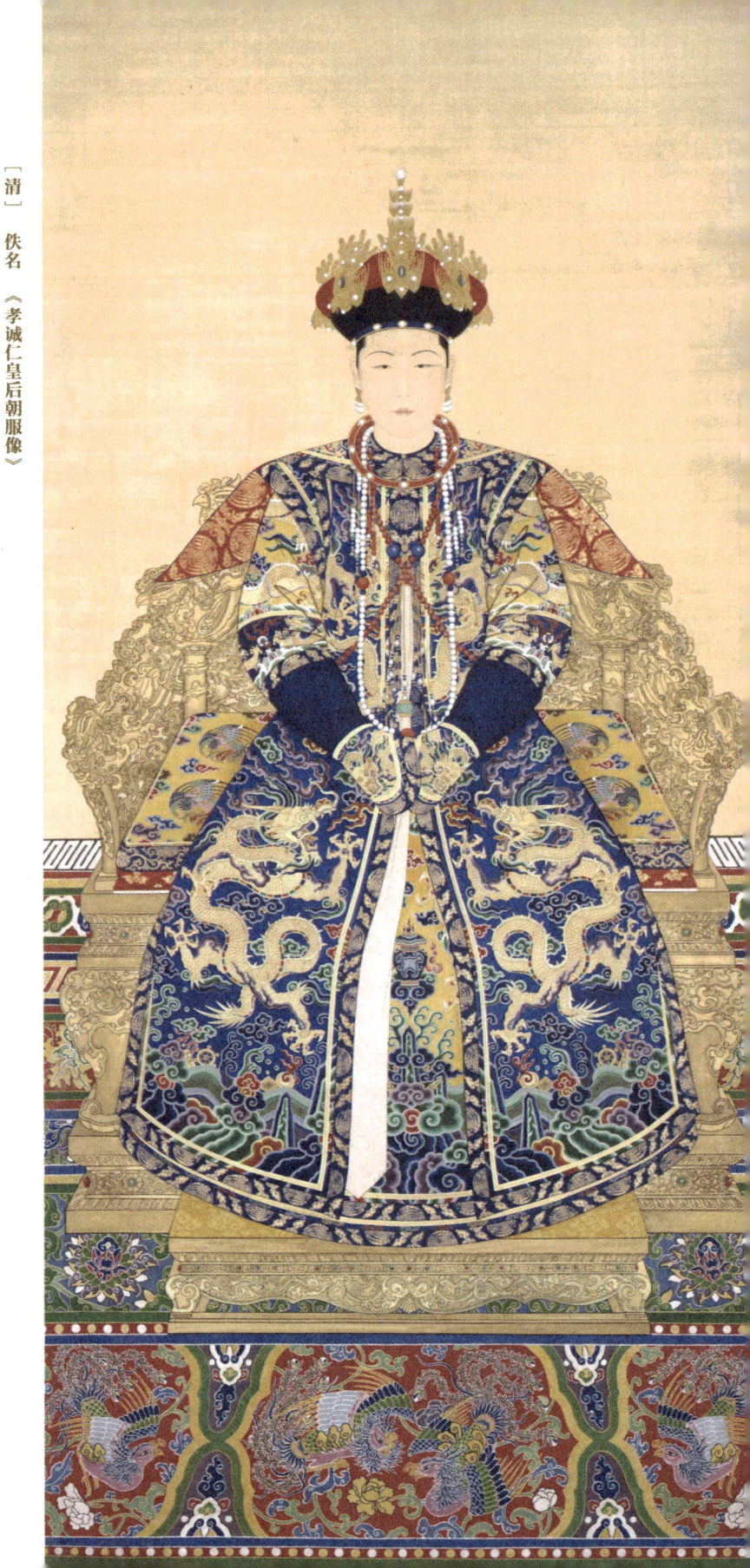

画像中的孝诚仁皇后神情温婉，仪态端庄。朝服颜色鲜艳，刺绣精美，饰品华丽，彰显了皇后的尊贵身份。

[清] 孝诚仁皇后谥册

谥册记载了孝诚仁皇后一生的功德业绩及其庙号、谥号。谥册有 10 页，制作精美。

[清] 孝诚仁皇后之宝

此宝为白玉质，宝文采用满文、汉文合璧的朱文篆书。宝上端为玲珑白玉描金坐龙纽，形态庄重。

有生育，但她心很宽，性格很好，所以康熙帝给她找了个"差事"——抚育年幼的弘历。她历经康熙、雍正、乾隆盛世，直到乾隆八年（1743年）才去世，终年76岁。

第四对是郭络罗氏姐妹。妹妹是康熙帝的宜妃，长相俊美，但个性很强，说话直率，不会绕弯子。不过，康熙帝非常喜欢宜妃，经常召幸她，就连出巡的时候也带着她。宜妃生了三个皇子：康熙十八年（1679年）生皇五子胤祺，康熙二十二年（1683年）生皇九子胤禟，康熙二十四年（1685年）生皇十一子胤禌。康熙帝的宠爱让她养成了桀骜不驯的性格。姐姐生了一对儿女：皇六女和一位皇子。可康熙帝并不喜欢她，一直没有给她合理的位份，她仅仅是一位贵人。

康熙帝后宫中这四对亲姐妹，虽然同为后妃，其地位却迥然不同。

[清] 黄地三彩紫绿龙盘

此盘以黄釉为地，紫绿双龙跃然盘中，外壁绘云鹤，寓意吉祥。此盘色彩艳丽，工艺精湛。

康熙帝"克后"

据史料记载,康熙帝一生共有四位皇后。其中,三位是康熙帝在世时册封的,即孝诚仁皇后、孝昭仁皇后、孝懿仁皇后,而孝恭仁皇后是她的儿子雍正帝继位后尊封的皇太后。其实,孝恭仁皇后并没有做过真正的皇后。有人说,康熙帝自己册封的三位中宫皇后都是被他克死的。果真如此吗?接下来,让我们一个一个地看。

第一位是孝诚仁皇后赫舍里氏。赫舍里氏是康熙帝的辅政大臣索尼的孙女。索尼是太后的坚定拥护者。无论是顺治帝继位,还是顺治帝去世之后康熙帝继位,索尼都是坚定的支持者。因此,太后将他的孙女选为中宫皇后。赫舍里氏先后生过两个皇子,可是在生嫡次子胤礽的时候,因大出血,血崩身亡,年仅22岁。据说赫舍里氏去世之后一直睁着眼,无论别人怎么做,就是不合眼。康熙帝便在她面前说,一定会立她的儿子为太子,她这才合上眼。几十年后,当康熙帝废太子的时候,想起这件事,便说太子"生而克母"。

第二位是孝昭仁皇后钮祜禄氏。钮祜禄氏出身显赫——其父亲遏必隆战功卓著,他用过的一把刀被康熙帝命名为"遏必隆刀"。可惜的是,钮祜禄氏一生未生育。康熙十六年(1677年)八月,康熙帝册封其为皇后。可半年后,她就去世了,这让康熙帝很意外。这个时候钮祜禄氏才20岁,这么年轻就去世了,实在可惜。

第三位是孝懿仁皇后佟佳氏。康熙二十年(1681年),康熙帝册封自己的表妹佟佳氏为皇贵妃,代替皇后主持后宫事务。康熙二十二年(1683年)六月,佟佳氏生皇八女。康熙二十八年(1689年)七月,佟佳氏病危,康熙帝

[清] 佚名 《孝昭仁皇后朝服像》

画像中的孝昭仁皇后面容清秀,身着华美的朝服,头戴镶嵌着珠宝的凤冠,端庄高贵。

[清] 佚名 《孝懿仁皇后像》

孝懿仁皇后是康熙帝第三位皇后佟佳氏。画像中,孝懿仁皇后身着华丽的服饰,端庄秀丽,气质高雅。

[清] 康熙帝 《行书除夕书怀轴》

这是康熙帝创作的一幅书法作品，其字疏淡平和，风格沉稳雅健，体现了他个人的独特风格。

平生宵旰志忐忑，又将过忿寝
愁赐雨精心勉太和送寒辞故
岁待曙问民疾莫诊新春媚
懔五忆歌

四十一年除夕书怀

决定采用民间流行的做法——冲喜，册封佟佳氏为皇后。可第二天，佟佳氏就病逝了。

康熙帝决定不再立后。从康熙二十八年（1689年）七月佟佳氏病逝，到康熙六十一年（1722年）十一月十三日康熙帝崩逝的33年里，康熙帝再未册立中宫皇后。俗话说，皇帝为一国之主，皇后为后宫之主，没有中宫皇后，就等于后宫不完整，家庭不完美。可在这33年里，康熙帝就这么过着家庭不完整的生活。

我们认为康熙帝33年来之所以没有册立皇后，主要是他有一个难言之隐，那就是皇太子。因为无论册立谁为皇后，都不是皇太子的亲生母亲，这就会留下一个大隐患——一旦康熙帝崩逝，皇后就会成为皇太后，这个皇太后会支持太子继位吗？如果不支持，祸起萧墙，那该怎么办呢？于是，康熙帝就不再立皇后了。

[清] 珐琅彩花卉盒

珐琅彩花卉盒既具备金属贵重、坚固的特点，又具备珐琅釉料晶莹、光滑、美观的特点。

多子多福的德妃乌雅氏

德妃乌雅氏比康熙帝小 6 岁，生于顺治十七年（1660 年）。乌雅氏的父亲乌雅·威武是护军参领，这样的出身在康熙帝的后宫并不显赫，可她为什么深得康熙帝宠爱呢？

皇帝会喜欢谁？今天我们可以用来判断的标准之一，就是妃嫔的生育情况。乌雅氏名玛琭，于康熙十四年（1675 年）进宫，康熙十七年（1678 年），生皇四子胤禛，也就是后来的雍正帝。康熙十九年（1680 年）生皇六子胤祚，康熙二十一年（1682 年）生皇七女，康熙二十二年（1683 年）生皇九女，康熙二十五年（1686 年）生皇十二女，康熙二十七年（1688 年）生皇十四子胤禵。从时间上看，乌雅氏的生育期长达整整 10 年，而且几乎是连续生育。

乌雅氏从 19 岁生到 29 岁，此后就再也没有生育了，难道是康熙帝不喜欢她了？

这里有两个例子说明康熙帝还是很喜欢她的。第一个例子是康熙三十六年（1697 年），康熙帝第三次亲征噶尔丹，征战在外，战歇之余，康熙帝突然想起了自己的爱妃德妃乌雅氏。于是他立刻写信给宫里："出来的时候，德妃身体不好，现在怎么样了？速报上来。"大家看，哪怕军务繁忙，康熙帝都还想着德妃的健康情况，说明什么？第二个例子，还是在这次战争中。一天深夜，康熙帝正在休息，他突然坐起来，挑灯夜书，给一个人写信。写完之后，康熙帝把信装在信袋里，在信袋上写上了"永和宫"三个字，而永和宫的主人正是德妃乌雅氏。康熙帝还叮嘱，如果德妃回信，马上给他递进来。由此可见，康熙帝十分惦念德妃。

[清] 佚名 《孝恭仁皇后朝服像》

画像中的孝恭仁皇后身着华丽的朝服，佩戴贵重的饰品，端坐于宝座上，颇显尊贵。

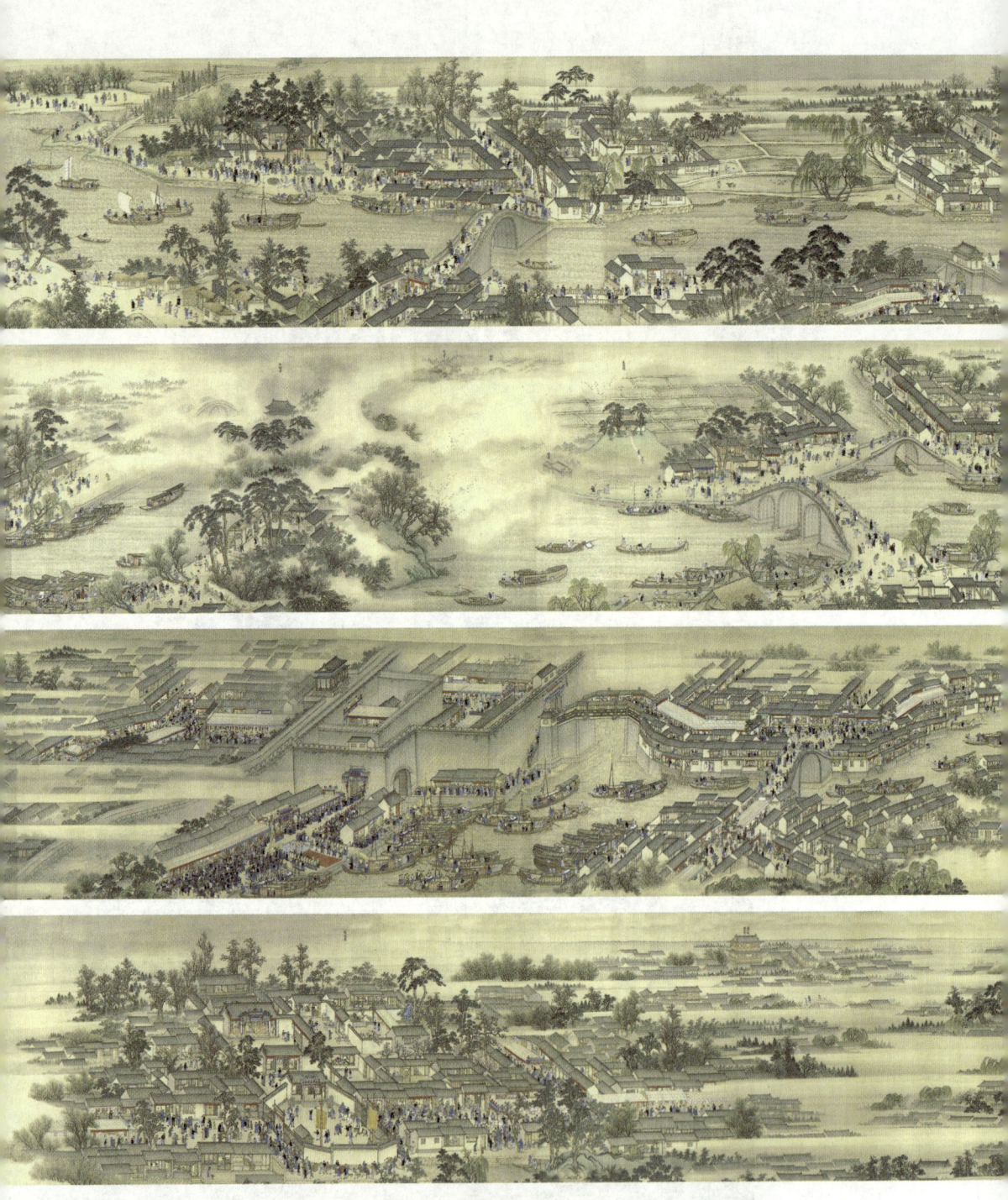

[清] 王翚 《康熙南巡图·卷七（无锡至苏州）》

此图以细腻的笔触描绘了康熙帝南巡无锡至苏州的壮丽景象，山水民居、舟桥良田尽收眼底，展现了江南的繁华与秀美。

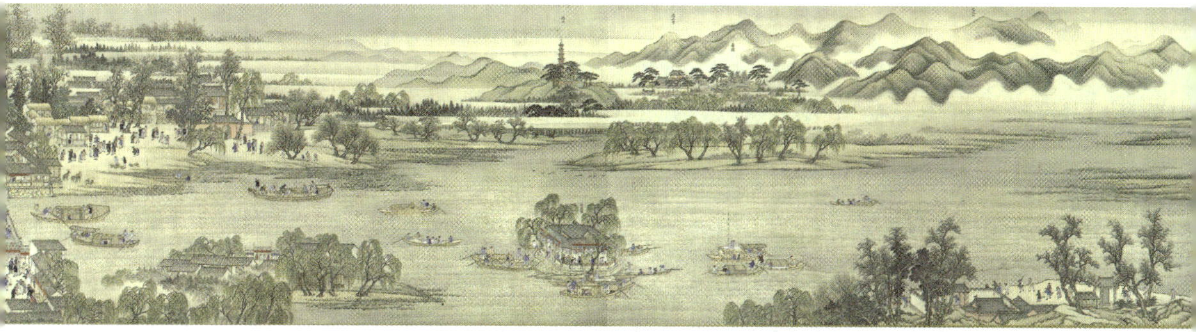

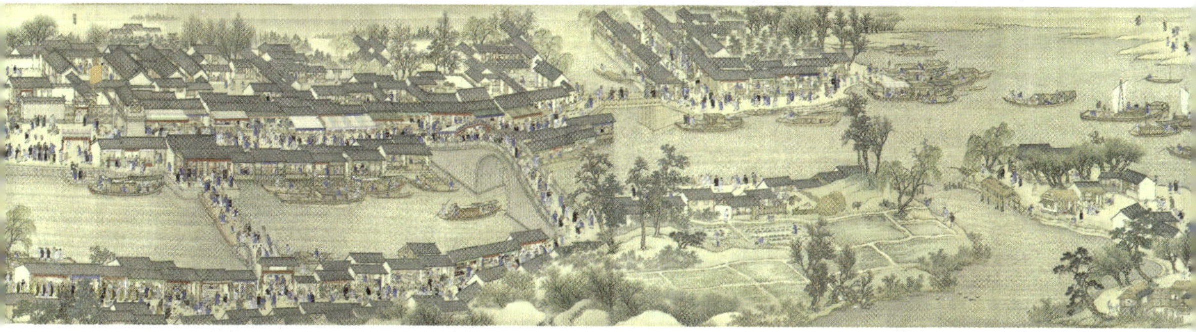

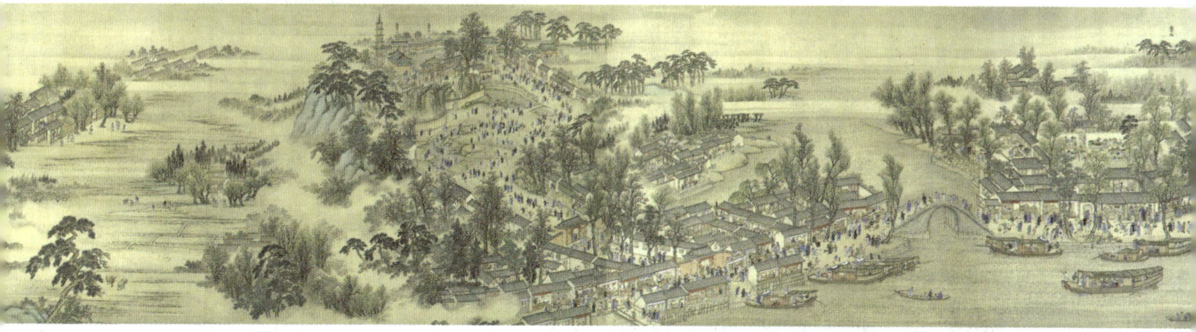

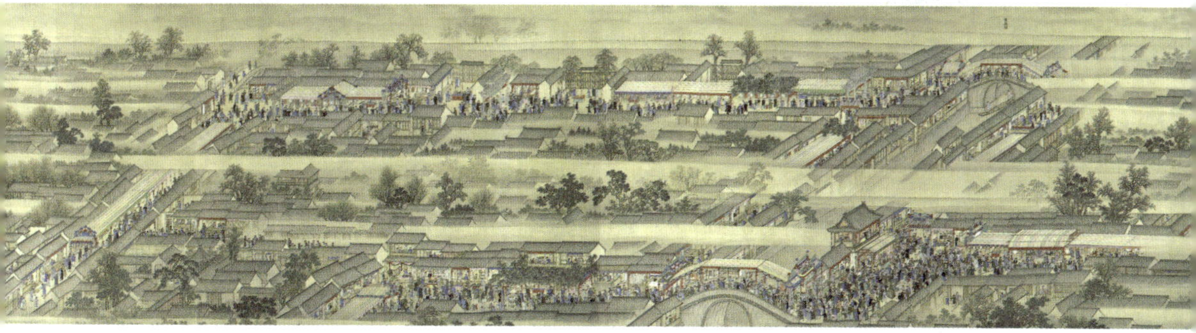

［清］ 佚名 《胤禛行乐图册·其一》

画面中，胤禛身着汉服，在山林中闲坐奏琴。这幅图生动地展现了胤禛宁静、闲适的心境。

还有一个例子，也能说明德妃被久宠不衰。康熙四十六年（1707年）第六次南巡时，康熙帝带上了已经48岁的德妃乌雅氏，目的是让她离开深宫，领略江南美景，游山玩水。可德妃的身体一直不好，尤其是她还患有严重的哮喘病。从北方到江南，她因为不适应那里的气候，病情越发严重。康熙帝顾不上游玩，一路小心照料，德妃对此万分感激。更让她意想不到的还在后面。回銮的时候，康熙帝给了她一个惊喜。当身体虚弱的德妃走出船舱时，放眼一看，自己的两个儿子胤禛和胤禵在岸边等着呢！出去几个月了，德妃很想念他们，可她怎么会在这里见到自己日思夜想的儿子呢？原来，这是康熙帝特意安排的。他写信给儿子，要他们前来迎驾，以便给他们病中的母亲一个惊喜。果然，德妃非常高兴，病一下子好了很多。德妃近50岁了，还这么得宠。直到康熙六十一年（1722年），康熙帝去世，他对德妃都颇为优待。

后来发生了一件非常奇怪的事情。康熙六十一年十一月十三日，康熙帝病逝，德妃的儿子胤禛继位，即雍正帝。按说，德妃应该很高兴，因为自己成了皇太后，将有享不尽的荣华富贵。可是让人没有想到的事情发生了——德妃做了两个决定：不接受尊号，不当太后；不搬家。太后的寝宫比永和宫豪华多了，但德妃不同意搬家。这让雍正帝大为惊诧。更让他惊诧的事情在后面——德妃居然想为康熙帝殉葬。这还了得？虽然经众人劝解，德妃没有殉葬，但1年后，就在康熙帝即将入葬地宫时，德妃还是追随他而去了。有资料说，德妃是撞柱而死，终年64岁。至于真相如何，我们就不得而知了。

康熙帝后妃最多

清朝皇帝的后妃数量多寡不一。后宫妃嫔的位份虽有定数，但皇帝妃嫔的多少还是由许多因素决定的。一是皇帝的寿命和在位时间。寿命长的皇帝，后妃当然会多；在位时间长的皇帝，后妃也多。二是皇帝的身体状况。身体好的皇帝，后妃自然会多。三是皇帝的个人好恶。贪图享乐的皇帝，后妃当然会多些；勤政的皇帝，后妃自然会少些。据此，我们细数清朝皇帝的后妃人数如下。

皇帝	寿命	在位年数	后妃人数
努尔哈赤	68	10	17
皇太极	52	17	15
福临（顺治帝）	24	18	40
玄烨（康熙帝）	69	61	85
胤禛（雍正帝）	58	13	33
弘历（乾隆帝）	89	60	43
颙琰（嘉庆帝）	61	24	16
旻宁（道光帝）	69	30	21
奕詝（咸丰帝）	31	11	18
载淳（同治帝）	19	13	5
载湉（光绪帝）	38	33	3

云深卓荦骑风劲，千旗半夜河冰合，然过六师

冰渡

[清] 康熙帝 《行书冰渡诗轴》

这是康熙帝的一幅书法作品，笔力沉着劲健，颇具俊逸之美。

[清] 佚名 《悫惠皇贵妃像》

悫惠皇贵妃佟佳氏是孝懿仁皇后的妹妹。悫惠皇贵妃性格谦和，曾抚育弘历。康熙三十九年（1700年）被册封为贵妃，后晋尊为皇贵妃、皇贵太妃。乾隆八年（1743年）病逝，终年76岁，葬于景陵皇贵妃园寝。

想必大家看出来了，在清朝皇帝中，康熙帝的后妃人数最多。这些后妃有以下几个特点：

第一，出身名门。康熙帝的几位皇后都是名门闺秀。孝诚仁皇后赫舍里氏，祖父是辅政大臣索尼，父亲是领侍卫内大臣。孝昭仁皇后钮祜禄氏，祖父是清初名将额亦都，父亲是辅政大臣遏必隆。孝懿仁皇后佟佳氏，父亲是领侍卫内大臣佟国维，婆婆孝康章皇后是她的亲姑姑。这些名门之女嫁给康熙帝，在一定程度上带有政治色彩。

第二，有四对亲姐妹。康熙帝的后宫之中有四对亲姐妹。第一对是孝诚仁皇后和妹妹平妃，第二对是孝昭仁皇后和妹妹温僖贵妃，第三对是孝懿仁皇后和妹妹悫惠皇贵妃，第四对是宜妃郭络罗氏和姐姐郭贵人。这四对亲姐妹在宫中和睦相处，为其他妃嫔做出了表率。

第三，康熙帝的后宫中有不少汉族妃子。本来满、汉一直不通婚，可康熙帝在历次南巡途中，不断将江南女子选进宫中，于是后宫中的汉族女子便多了起来。比如，顺懿密妃王氏、纯裕勤妃陈氏、马贵人、袁贵人、徐常在、牛答应等，都是汉族女子。

当然，康熙帝的后妃人数可能不止此数。我们查阅史料，发现他的妃嫔人数要远远多于这个数目。

与苏麻喇姑的情缘

在电视剧《康熙王朝》中,有一位年轻貌美的女子叫苏麻喇姑。剧中安排了苏麻喇姑和康熙帝有一段难舍的恋情,其实真实的历史并非如此。接下来,我们看看真实的苏麻喇姑究竟是怎样一个人。

苏麻喇姑出生于科尔沁草原的一个牧民家庭,自幼在科尔沁贝勒寨桑家当侍女。后金天命十年(1625年),布木布泰嫁给皇太极,苏麻喇姑作为贴身侍女随布木布泰来到盛京。

刚刚来到盛京,主仆二人很不习惯,其中最大的障碍是语言不通。聪明的苏麻喇姑开始学满语并研习满文书法。很快,她的满语有了很大长进,还能写出漂亮的满文。

皇太极去世后,聪明能干的苏麻喇姑一直陪伴在庄妃身边,为其出谋划策。顺治帝继承皇位后,多尔衮专权,太后母子危如累卵,母子间的秘密联络全由苏麻喇姑负责。

顺治十二年(1655年),清宫流行天花,玄烨到宫外避痘,苏麻喇姑每天往来于慈宁宫和玄烨避痘所之间,按太后要求对玄烨施教。《啸亭杂录》中这样记载:"赖其训迪,手教国书。"就是说,苏麻喇姑是康熙帝的满文启蒙老师。由此可见,苏麻喇姑具有扎实的满文功底,且很有耐心。

因为苏麻喇姑是太后的侍女,她的年龄不会比太后小很多,太后比康熙帝大41岁,那么苏麻喇姑也会比康熙帝大40岁左右。因此,康熙帝对苏麻喇姑很尊重,把她看作长辈,称其为"额娘"。这样看来,两个相差40岁的人是不会产生恋情的。

[清] 佚名 《历代帝王贵妃大臣朝服像》（苏麻喇姑）

苏麻喇姑历经天命、天聪、崇德、顺治、康熙五朝，通晓蒙满文字，擅长女红。

天機清曠長生海

心地光明不夜燈

[清] 康熙帝 书法对联

对联内容富有哲理，既体现了康熙帝的睿智与品性，又展现了其深厚的文化底蕴和艺术造诣。

康熙二十六年（1687年）十二月，太后病逝。这对相依为命几十年的主仆终于要分别了，苏麻喇姑万分悲痛，心情一度很低落。康熙帝看在眼里，想出了一个好办法来宽慰苏麻喇姑。康熙帝把定妃所生的皇十二子胤祹交给苏麻喇姑抚养。

康熙四十四年（1705年），苏麻喇姑病重，腹内疼痛难忍，便血不止，不思饮食。可这时康熙帝正在外地巡幸。苏麻喇姑不听御医的话，不吃御医开的药，没能等到康熙帝回宫就病逝了。苏麻喇姑在宫中生活了80多年，最终以90多岁的高龄辞世。

康熙帝万分悲痛，要皇子们为苏麻喇姑守灵，胤祹日夜守在她的灵柩旁边，尽了最后的孝道。康熙帝同时下旨，以嫔礼安排苏麻喇姑的后事。这真是特殊的恩典，也是清代仅有的一例。

苏麻喇姑去世时，孝庄太后的陵寝还没有建成，其灵柩停放在暂安奉殿内。于是，康熙帝便把苏麻喇姑的灵柩也停放在暂安奉殿中，主仆二人又一次相伴。雍正帝即位，将暂安奉殿改建为昭西陵，并在昭西陵的东南方不远处为苏麻喇姑修建了气派的园寝，当地人称其为苏麻喇姑墓。光绪二十六年（1900年），慈禧携光绪帝出京西逃，当地的不法之徒以为清朝灭亡了，就把苏麻喇姑园寝盗掘了。如今，苏麻喇姑园寝的宝顶还在。

与祖母的深厚感情

康熙帝的祖母是孝庄文皇后。康熙帝自小失去父母,和祖母的感情非常深厚。这是为什么呢?我们查阅大量史料后发现,有以下两个原因:

一是因为康熙帝的命是祖母给的。康熙帝玄烨自小不在母亲身边,和母亲关系淡漠。玄烨出生后不久,便感染了可怕的天花,命悬一线。他被迫到宫外去避痘。这个时候,陪伴玄烨的不是他的母亲,而是太监和宫女。祖母很可怜自己的孙子,于是派自己最亲近的侍女前往照看。这个侍女将玄烨照顾得无微不至,帮助他渡过了难关,保住了性命。因此可以说,玄烨的命是祖母给的。

二是因为康熙帝的皇位是祖母给的。顺治十八年(1661年)正月初七,顺治帝驾崩,在临终之际,顺治帝在选择继承人这个问题上,曾主张在自己的兄弟中选择一位。可是,太后坚决主张在顺治帝的子女中选择。最终,太后一语定乾坤,选中了皇三子玄烨即位,原因是他出过了天花,对天花有了免疫力。也就是说,康熙帝的皇位是祖母给的。

正因如此,康熙帝对祖母的感情非同一般。康熙二十六年(1687年),祖母病重之际,康熙帝日夜看护在一旁,"一闻太皇太后声息,即趋至榻前,凡有所需,手奉以进"。这段记载形象地描述了康熙帝侍奉祖母时的情景。同年十二月初一,为了表示自己的诚心,康熙帝从紫禁城出发,步行到天坛,为祖母祈祷。更让人惊讶的是,在诵读祝文时,康熙帝居然这样说:"若大数或穷,愿减臣龄,冀增太皇太后数年之寿。"也就是说,康熙帝向上苍祈求,把自己的寿命减去,来增加祖母的寿数。要知道,在那个年代,这可是非同小

皇太后皇后朝珠圖

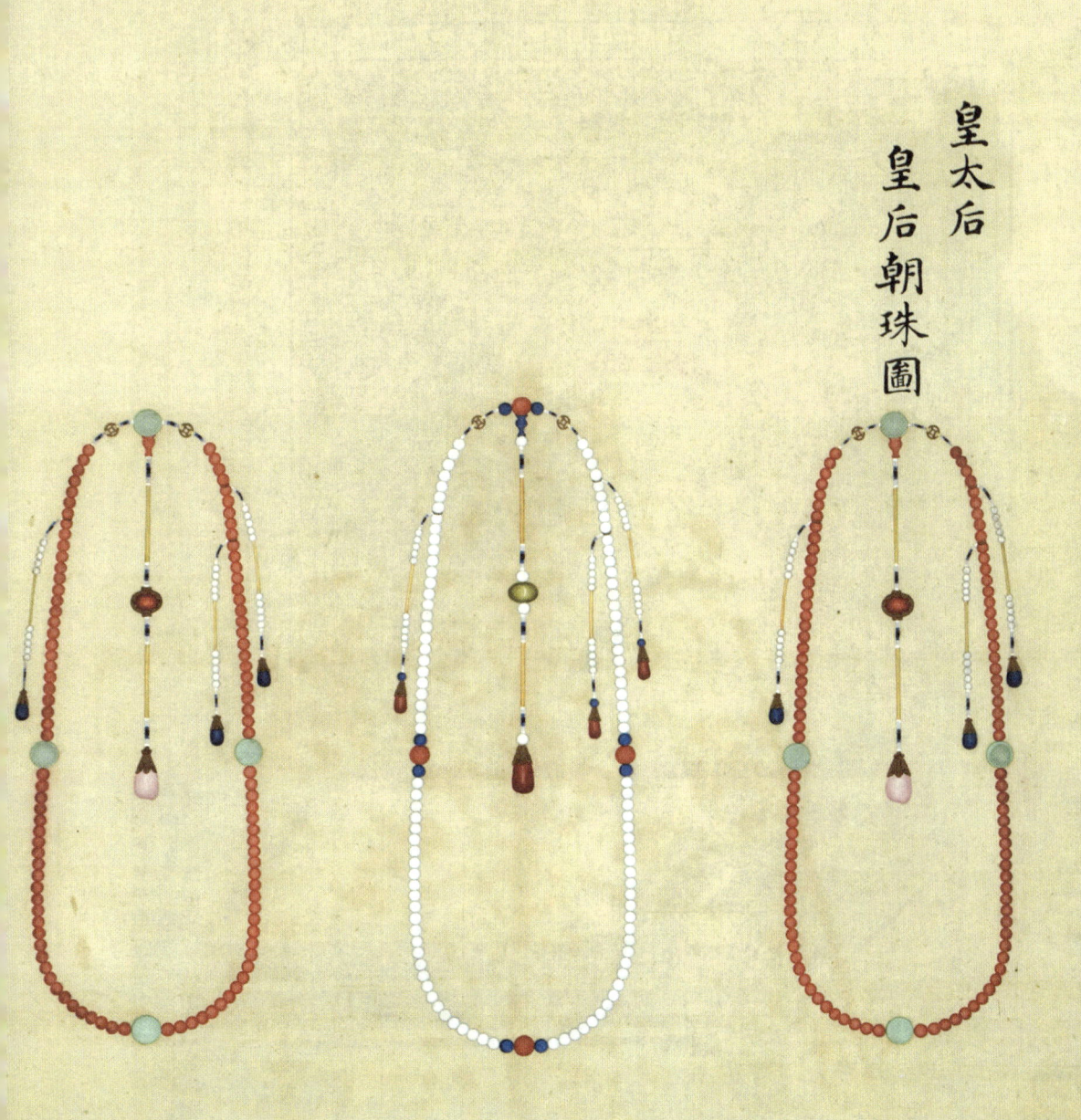

[清] 允禄等 《皇朝礼器图式·皇太后、皇后朝珠图》

图中的朝珠色泽鲜艳，每颗都经过精心挑选。朝珠佩戴在皇太后、皇后的颈间，彰显了其尊贵的地位。

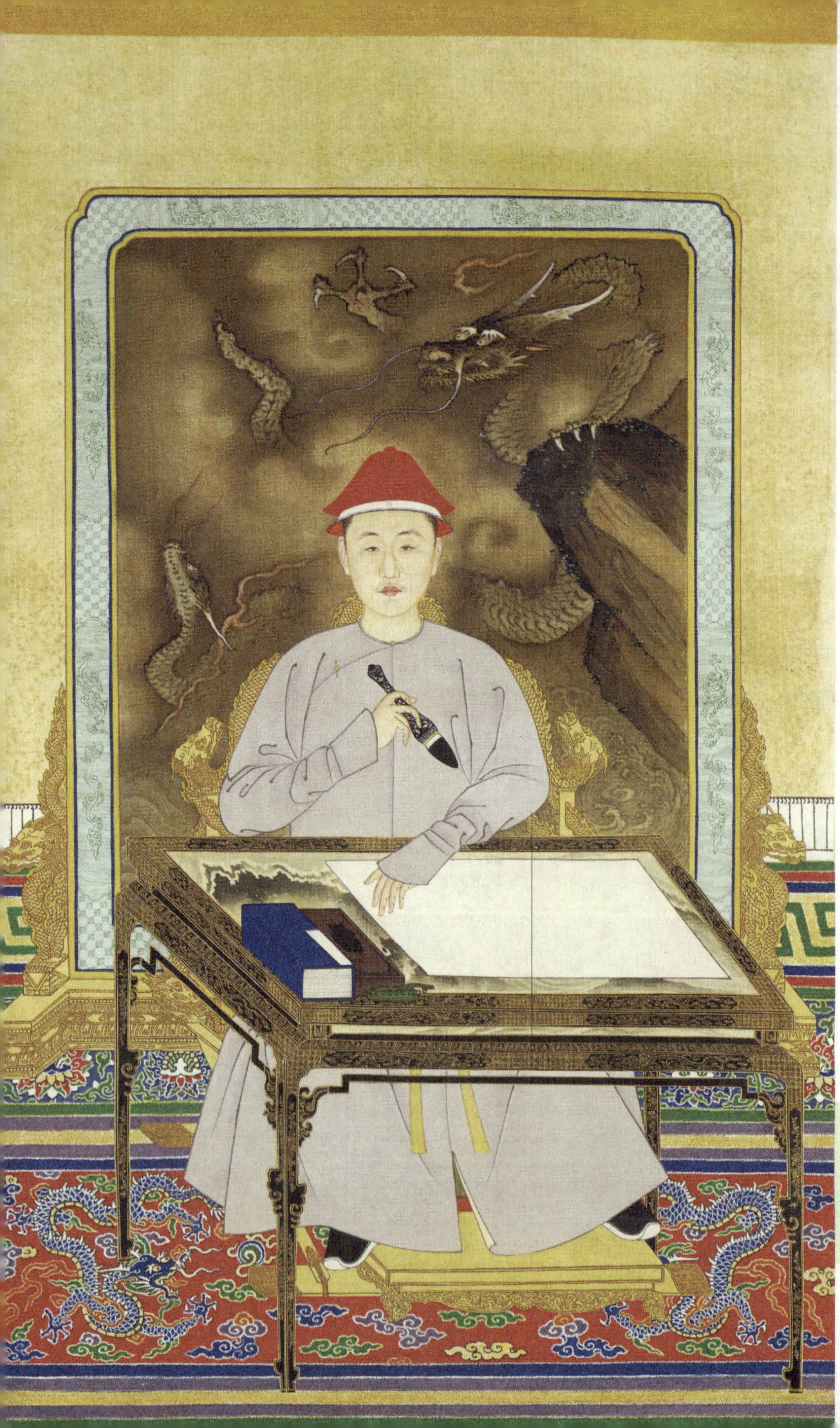

可的事情!

祖母去世后,康熙帝万分悲痛,他随后做出了一系列异乎寻常的决定。

一、孝服用粗布。按照皇家的惯例,孝服应该使用昂贵的白绫子,可康熙帝选择了用白粗布来表达自己最质朴的哀思。

二、除夕在宫中停灵。满洲旧俗,死在宫里面的人,要在过年前移出宫外,以求吉利。孝庄文皇后死于康熙二十六年(1687年)十二月二十五日,再有几天就要过年了,所以王公大臣建议在年前把孝庄文皇后的灵柩移出去。康熙帝坚决不允许,他表示自己不怕忌讳。

三、康熙帝把祖母的灵柩暂安在清东陵。按理,孝庄文皇后应该与其丈夫皇太极合葬。可康熙帝遵从了祖母的遗嘱,"我心恋汝父子,当于孝陵近地安厝"。康熙帝为祖母修建了暂安奉殿,每年都去祭奠。

[清] 佚名 《康熙帝便装写字像》

图中的康熙帝身着便装,左手按纸,右手提笔,神态自若。

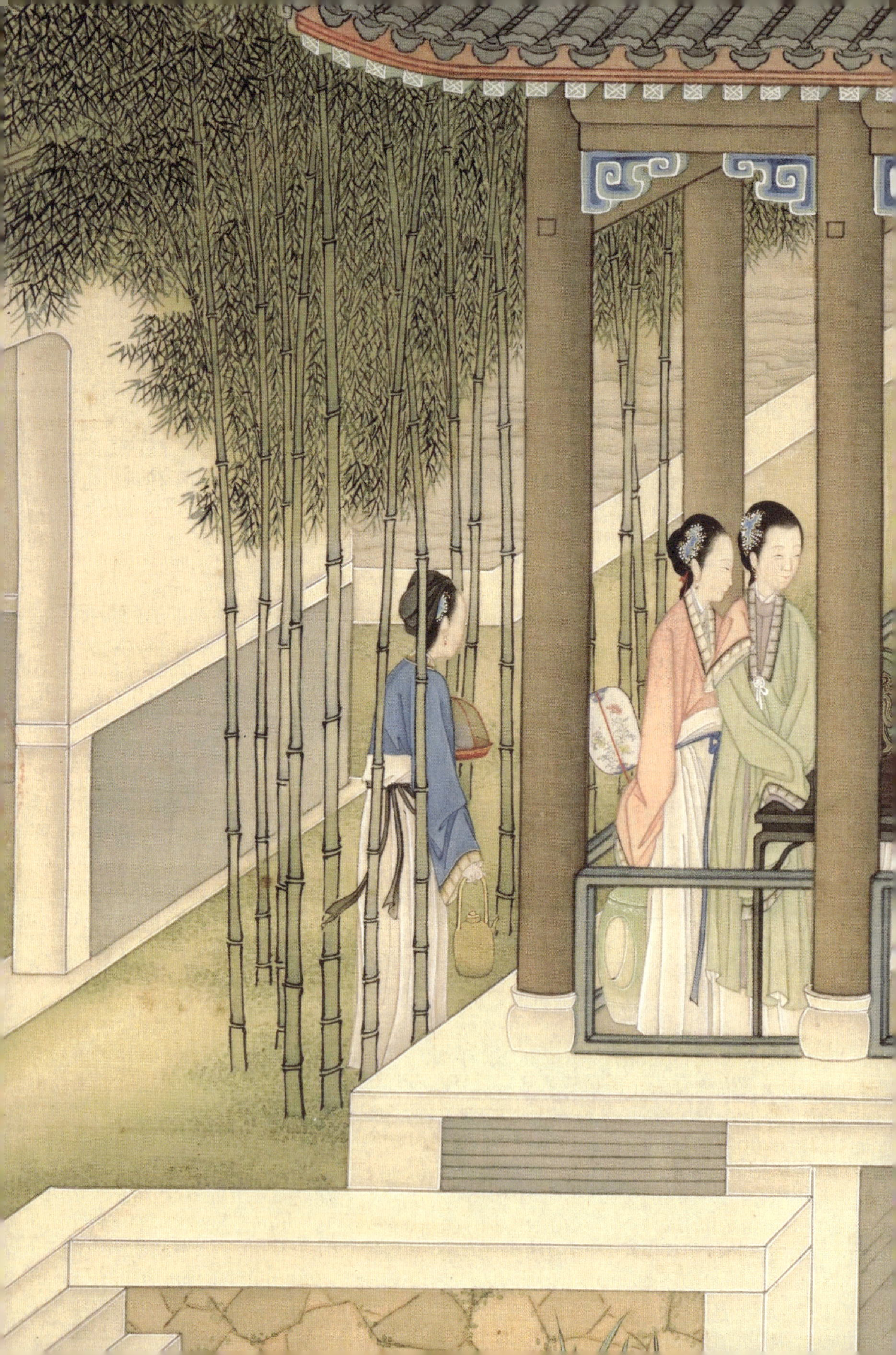

伍

雍正帝后宫

意想不到的皇后

电视剧《甄嬛传》中的那位中宫皇后，大家应该颇有印象。那位中宫皇后是怎样的性格呢？大致有以下四个特点：一是表里不一，说一套做一套，比如她和华妃的关系本来很不好，可是每次见面都嘘寒问暖，假装维护华妃；二是忍性很大，这位皇后不管受了多大的气都能忍下来，给人一种顾全大局的感觉；三是拉帮结派，玩弄权谋，比如她拉拢齐妃，收买安陵容等；四是手段阴狠，比如她害死纯元皇后，经常用麝香害人等。

雍正帝的中宫皇后真的是这样吗？史料表明，雍正帝的皇后完全不是这样。历史上的她有以下几个特点：

第一，非常仁慈。这位皇后姓乌拉那拉，是内大臣费扬古之女，出身名门。乌拉那拉氏最大的特点是仁慈，她成为皇后之后，对待妃嫔像对待姐妹一样，谁有困难就帮助谁。

第二，诞育皇长子。康熙三十六年（1697年），乌拉那拉氏生育了胤禛的嫡长子弘晖，"晖"是日光的意思，表明胤禛对自己的嫡长子抱有很大的期望。

第三，母仪天下。乌拉那拉氏有母仪天下的风范，她不仅长相端庄，而且气质非凡，还有很高的文化素养。

正因如此，雍正帝对她非常满意。据传，雍正帝甚至以她为"模特"，绘制了12幅美人图。这12幅美人图表达了雍正帝对后妃的要求，要她们都像图中美人那样，修身、养性、持家。这12幅美人图分别是《裘装对镜》《烘炉观雪》《捻珠观猫》《持表对菊》《倚榻用鹊》《博古幽思》《桐荫品茗》《消夏

[清] 佚名 《孝敬宪皇后朝服像》

画像中，孝敬宪皇后身着朝服，端庄典雅，凤冠璀璨，朝服华美，珠翠环绕，尽显皇后风范。

赏蝶》《倚门观竹》《烛下缝衣》《立持如意》《抚书低吟》。

那么，皇后是怎么死的呢？《甄嬛传》中的皇后是被甄嬛气死的。实际上，雍正帝的皇后是因伺候病中的雍正帝而患病身亡的。

对于皇后的死，雍正帝非常悲痛，并做出了超出常人的举动。

第一，要去见皇后最后一面。王公大臣极力劝阻，不让他去见。没有道理啊，皇帝去见死去的皇后很正常，为什么不让去呢？原来雍正帝要为皇后含殓，就是把一颗大珍珠放到她嘴里压舌头。可这种事皇帝不能做，因为迷信的人认为，死人最后一口气会喷在人身上，极为不利。而雍正帝当时正在生病，因此没有去成。

第二，给她最好的谥号。雍正帝为皇后选定的谥号是"孝敬"两个字。我们知道，在那个时代，"孝敬"可以说是很高的评价了。

［清］　佚名　《胤禛美人图》

《胤禛美人图》以细腻的笔触描绘了12位宫廷女子的日常生活。画中美人或品茗观书，或持表对菊，或烛下缝衣。整套图设色柔和秀润，用笔工致。

《裘装对镜》

《烘炉观雪》

《捻珠观猫》

《持表对菊》

《倚榻观鹊》 《博古幽思》

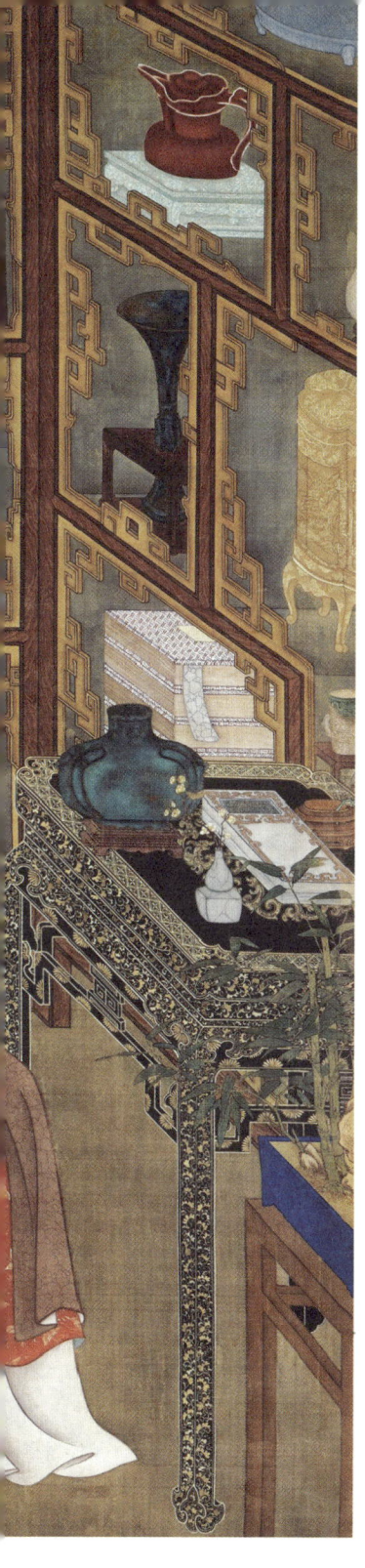

《桐荫品茗》

《消夏赏蝶》   《倚门观竹》

《烛下缝衣》

《立持如意》

《抚书低吟》

甄嬛的真面目

看过《甄嬛传》的人，会问一个问题："历史上真有甄嬛这个人吗？"或者问："如果没有甄嬛，那雍正帝后宫中甄嬛的原型是谁呢？"电视剧里的人物与历史上的真实人物到底相差多远呢？我们不妨来看一下。

第一，长相问题。《甄嬛传》中的甄嬛已被大众熟知，那么历史上的甄嬛究竟长什么样呢？相差太远了。画像上的熹贵妃方盘大脸，浓眉大眼，简直就是女人男相，和漂亮根本不沾边儿。按说这还是经过画师润色之后的呢，你想，这可是熹贵妃成为太后之后的画像，画师还不往漂亮上画啊？所以，真实的甄嬛可能容貌并不出色。

第二，出身问题。在《甄嬛传》中，甄嬛的父亲叫甄远道，是大理寺少卿，正四品。官方档案对熹贵妃的出身另有说法，"四品典仪官凌柱女"。当然是档案中的记载靠谱。

按照上述两种说法，历史上的熹贵妃出生在一个四品官之家，也算是一个富裕之家了。可是，《湘绮楼诗文集》中另有说法，作者考证熹贵妃出生在承德一个贫寒之家，家里没有奴婢，买酱油、醋之类的家务事都落在了她的身上。这个记载与史实相差甚远，但和雍正帝的一些传说相印证。

［清］　郎世宁　《孝圣宪皇后朝服像》
图中，孝圣宪皇后端坐在宝座上，庄重、优雅、华贵。

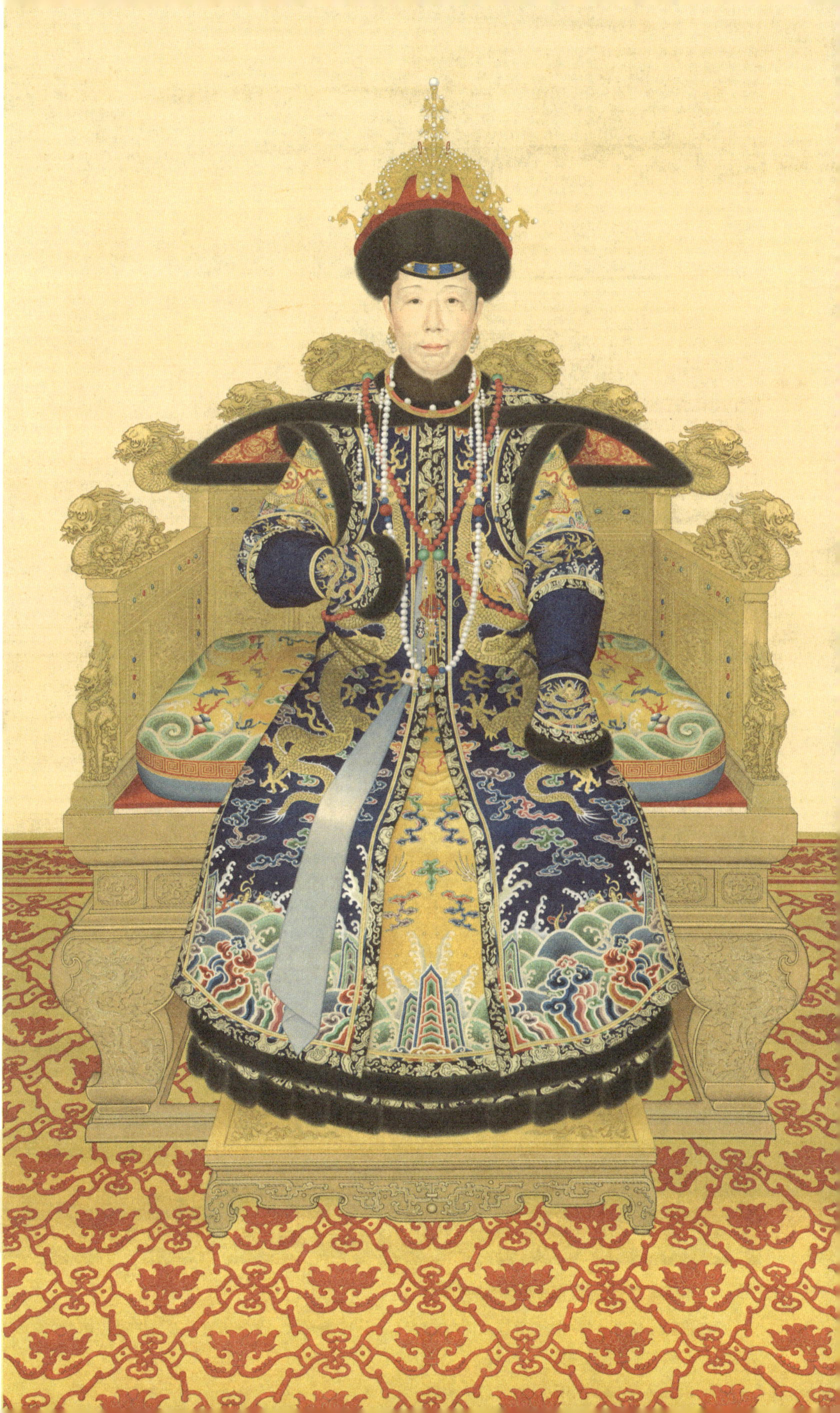

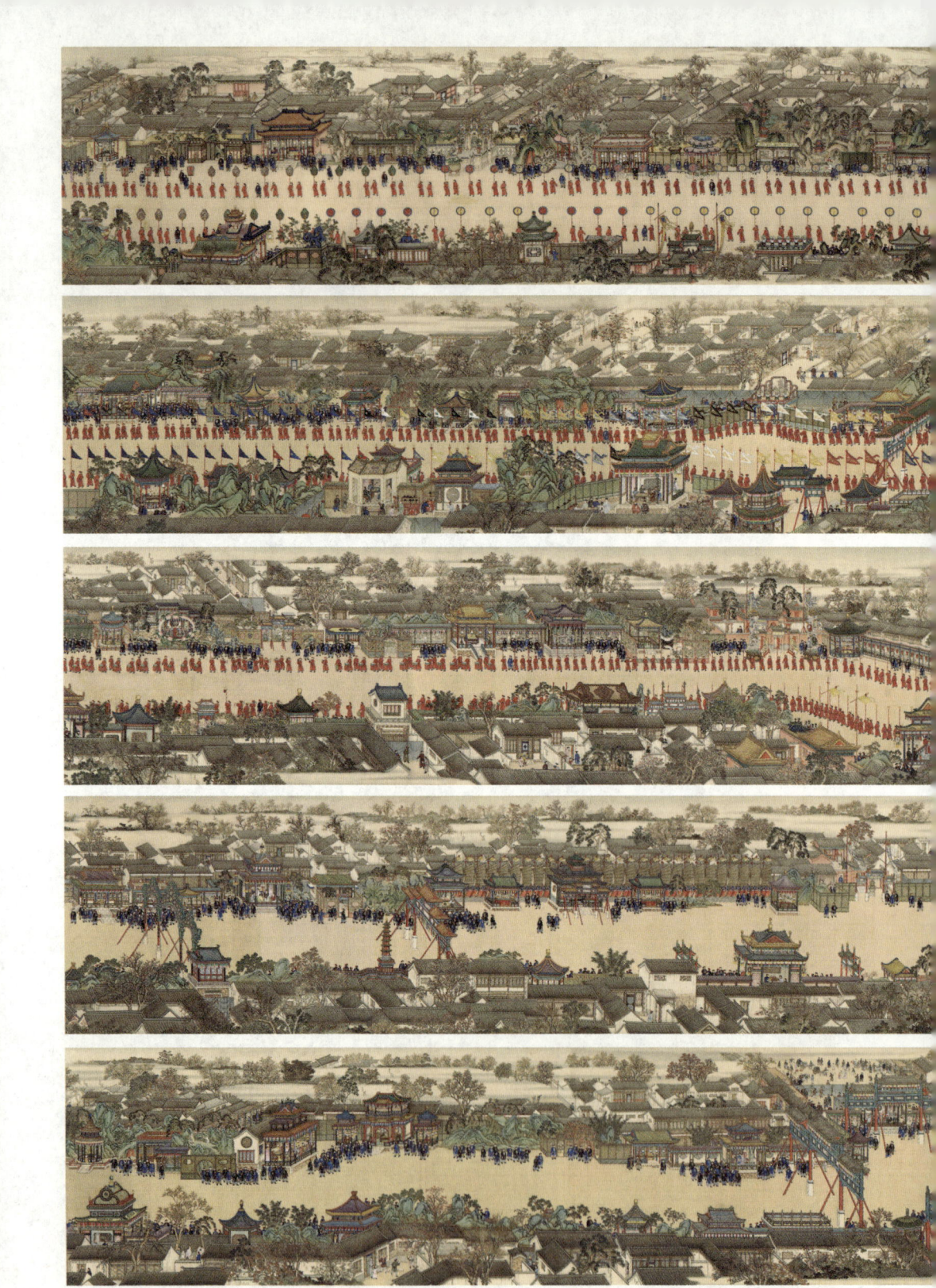

［清］ 张廷彦 《崇庆皇太后万寿庆典图》

此图描绘了乾隆时期崇庆皇太后60岁寿辰时的盛大庆寿场面，文武百官齐聚，庆贺之声不绝于耳，尽显庆典的隆重与皇家的尊贵。

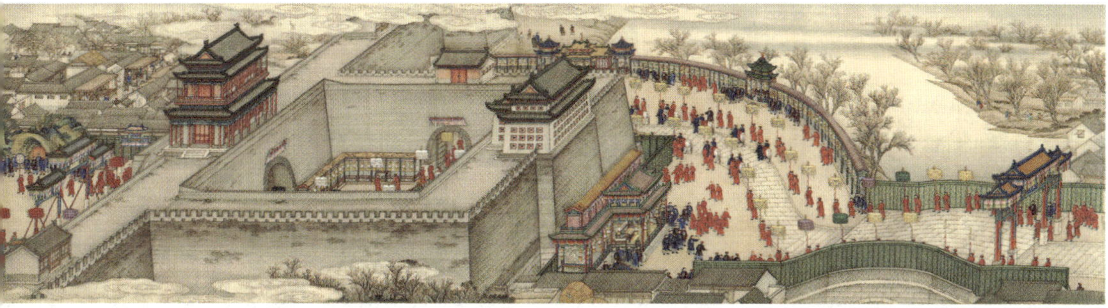
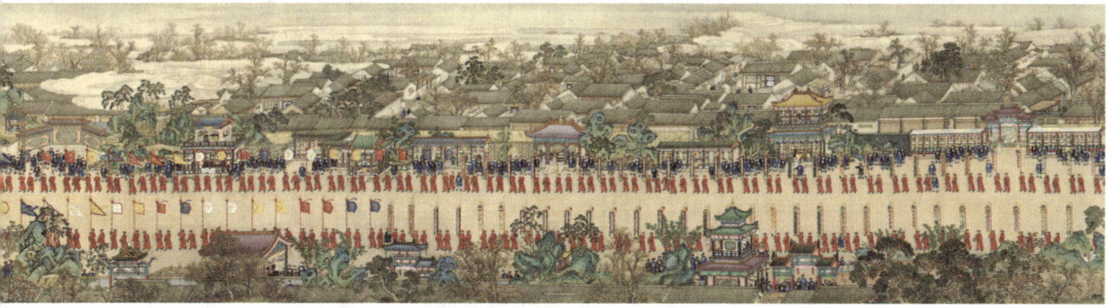
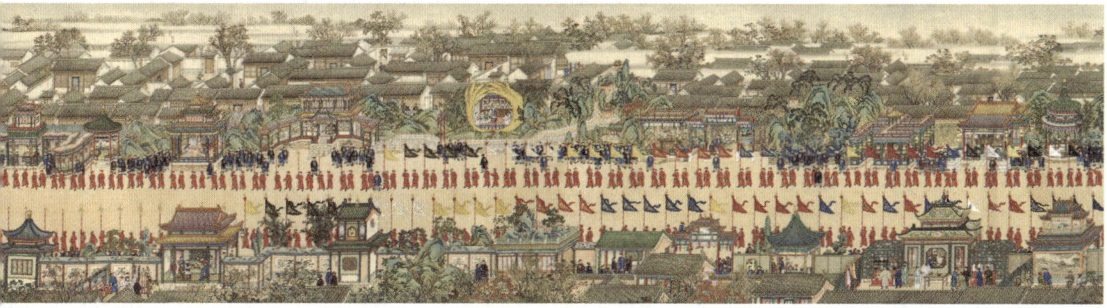
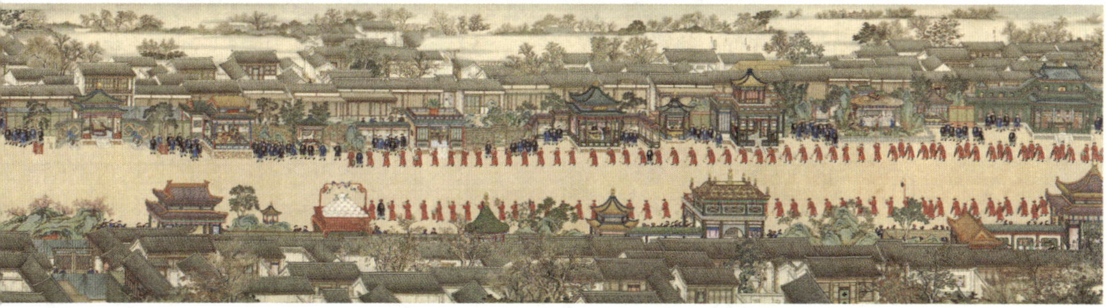
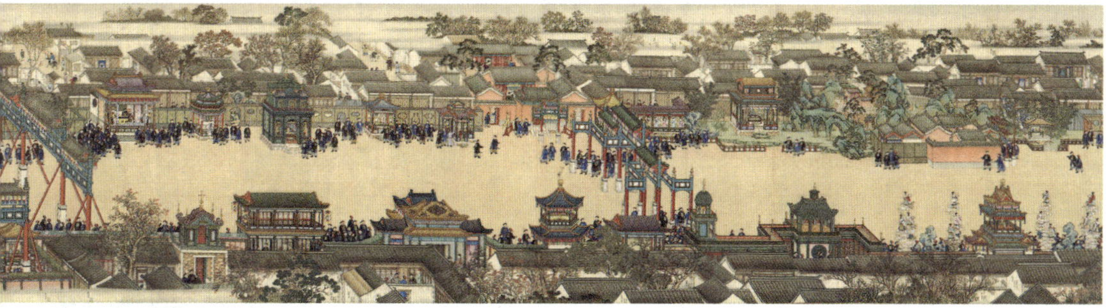

［清］张廷彦《崇庆皇太后万寿庆典图》（局部）

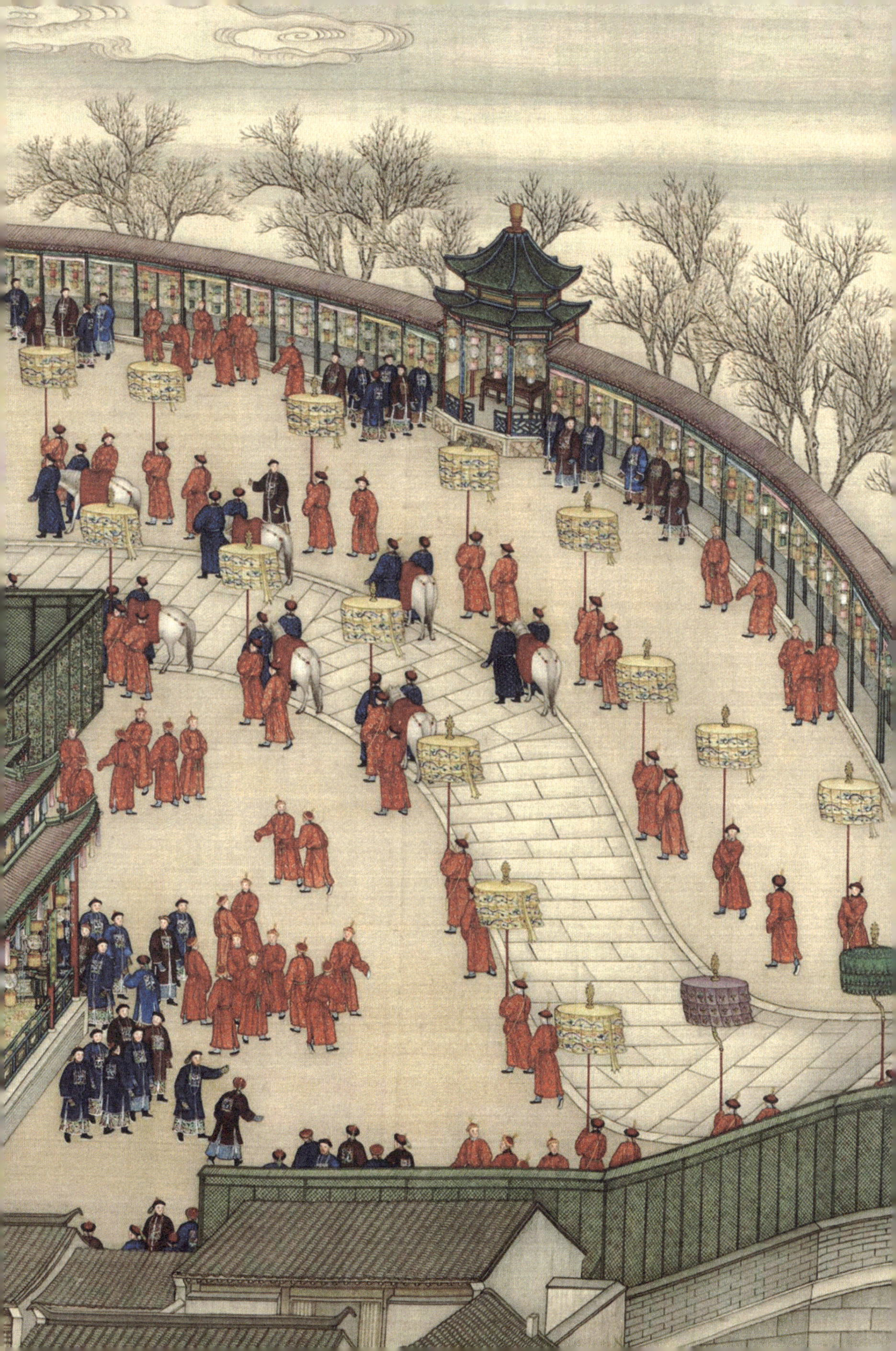

第三，姓氏问题。很显然，既然没有甄嬛这个人，那么甄嬛的"甄"就不会是历史上的熹贵妃的真实姓氏。因此，我们必须查阅史料，看看这位大名鼎鼎的熹贵妃到底姓什么。雍正帝在世时，档案中是这样记载的，"格格钱氏封为熹妃"。这就是雍正帝即位之后，大封后宫时公布的信息。大家知道了，甄嬛的原型姓钱。可乾隆帝即位之后，却把这份档案的内容改成"格格钮祜禄氏封为熹妃"。前后相差甚远，钱氏一定是个汉姓，而钮祜禄氏则是满洲八大姓，在那个时代属于名门大姓。这样看来，这个谜应该是乾隆帝造成的。

第四，生育问题。《甄嬛传》里甄嬛生了三个孩子，并抚养了皇四子弘历。那么，历史上的熹贵妃到底有没有生育呢？我们查阅史料发现，历史上的熹贵妃有过一次生育。康熙五十年（1711年）八月十三日，她生下一个男孩，这就是雍亲王的第四子弘历。不过，《甄嬛传》中的甄嬛所生的皇子不叫弘历，而叫弘曕，有意混淆了历史。弘曕的生母是雍正帝的谦妃，而非熹贵妃。

第五，甄嬛与允礼的婚外情问题。历史上，满洲人和汉族在婚姻观上是不同的，传统的满洲人可以"兄死娶其嫂"，所以甄嬛与其小叔子允礼之间的婚外情有可能发生。但在雍正时期，满洲人已经快速汉化，封建化程度很高，尤其是在皇宫里，允礼根本没有机会见到嫂子甄嬛。特别是乾清宫家宴是皇帝与其妃嫔一起用膳的场合，已经分家分府单过的小叔子是没有机会出现在这里的。因此，电视剧中甄嬛和允礼的婚外情是不可能发生的，是编剧为了吸引观众而虚构的故事。

其实华妃很羸弱

在电视剧《甄嬛传》中，就数华妃的个性最鲜明，性格最强势。具体表现在以下几个方面：一是飞扬跋扈，个性极为张扬，她依仗自己娘家的势力，在众人面前无所顾忌；二是阴狠毒辣，在电视剧中，她策划了一个又一个阴谋，手段阴狠；三是干预朝政，她跑进养心殿，替哥哥年羹尧求情的举动明显是干预朝政，这在清朝是绝对不允许的。如此霸道行径，她不像是一个妃子，倒很像是一位皇太后。那么，真实的华妃究竟是怎样的一个人呢？

一、封号之谜。历史上真有华妃这个人吗？雍正帝的后宫档案中没有华妃，可电视剧中提到华妃的哥哥是年羹尧。再查后宫档案，年羹尧还真有一个妹妹进宫，成了雍正帝的妃子。不过，她在宫中的封号不是华妃。她先进入雍亲王府，被封为侧福晋；雍正元年（1723年），被封为年贵妃；雍正三年（1725年），被封为皇贵妃。她病逝之后，谥号为敦肃皇贵妃。我们清楚地看出，她既不是华妃，也不是年妃，雍正帝一即位她就是贵妃，起点非常高。

二、性格之谜。她的性格真的强势吗？我查阅了一些后宫档案，发现历史上的年贵妃根本不是电视剧中那样的性格。档案中说她对皇后特别恭敬，一直小心侍候。这完全符合历史事实，因为皇后是后宫之主，年贵妃必须这么做。档案中还说她"偶有家书，必先呈御览"。意思是娘家人来信，她自己不敢拆封，一定要让皇帝先看了，她才敢看。这就过分小心了，娘家人的家书她是可以先看的，更何况她还是贵妃。但我也理解年贵妃的小心翼翼——她是为了避嫌，毕竟她的娘家权势太大。

[清] 郎世宁 《雍正十二月行乐图》轴

此图轴以细腻的笔触展现了一年十二个月雍正帝与其妃嫔、子女在圆明园内共享天伦之乐的场景，画面宏大，景色秀丽，既展现出皇家气派，又富有生活情趣。

《正月观灯》

《二月踏青》 《三月賞桃》

《四月流觴》 《五月競舟》

《六月纳凉》 《七月乞巧》 《十月画像》

《八月赏月》 《九月赏菊》 《十一月参禅》

《腊月赏雪》

三、生育之谜。电视剧《甄嬛传》里的华妃终身没有生育，原因是包括皇帝在内的很多人怕她内外勾结，尤其是若她生了皇子，可能会窃夺皇权，于是想办法让她总不怀孕。当华妃知道事情的真相之后，气得撞墙而死。历史上恰恰相反，从康熙五十四年（1715年）开始，一直到雍正元年（1723年），雍正帝的后宫只有年氏在生育。她连续生育了四个子女，其中三个皇子、一个公主，是雍正帝所有后妃中生育最多的女人。

四、雍正帝对华妃的态度之谜。在电视剧《甄嬛传》中，雍正帝对华妃非常提防。而在历史上，雍正帝最爱的女人就是年贵妃。比如，对她生的三个皇子，雍正帝都用"福"字起名，分别叫福宜、福惠、福沛，以此为年贵妃祈福。而其他皇子一律以"弘"字开头，如弘历、弘昼。年贵妃病重，雍正帝一面将她晋封为皇贵妃，一面自我检讨。他说："三年来，贵妃的病一直由太医医治，我对她关心太少了，所以才病成这样，都赖我。"这对于一个皇帝来讲实属不易，尤其是颇为自负的雍正帝。种种迹象表明，年贵妃是雍正帝最爱的女人。

［清］　雍正仿成化斗彩高士杯

此杯以斗彩通景绘《羲之爱鹅图》，釉彩莹润。杯底书有"大明成化年制"仿款，展现了雍正朝对明成化斗彩器的精妙追仿。

没福气的年贵妃

年贵妃生于显赫之家，父亲年遐龄曾任工部侍郎、湖北巡抚；长兄年希尧，曾任广东巡抚、工部右侍郎，雍正四年（1726年），任内务府总管；次兄年羹尧，更是位极人臣，是雍正初年的一员虎将。

年氏入宫的时间很早，于康熙五十年（1711年）由康熙帝指婚为雍亲王侧福晋。据推断，她的年龄和雍亲王应该很接近。入宫后，年氏小心谨慎，恪守规矩，很得雍亲王宠爱。康熙五十四年（1715年），年氏生第四女；康熙五十九年（1720年），生第七子福宜；康熙六十年（1721年），生第八子福惠；雍正元年（1723年），生皇九子福沛。年氏为雍正帝生育了四个孩子，其中有三个皇子，皇子将来都会出宫封王，年氏应该有享不尽的荣华富贵。况且年氏在宫中的位份一路飙升：雍正元年，雍正帝一即位，就册封年氏为贵妃，在后宫中排第二位，仅次于皇后。

更为重要的是，她的哥哥年羹尧已经成为朝中炙手可热的人物。年羹尧的官职由四川总督、川陕总督晋为抚远大将军，还获封一等公，加太保。雍正帝对年羹尧的宠信达到了无以复加的地步。雍正二年（1724年）十月，年羹尧入京觐见，获赐双眼孔雀翎、四团龙补服、黄带、紫辔及金币等非常之物。

然而，天有不测风云。

先是年氏所生的第四女，到康熙五十六年（1717年）五月就殇了。这让她初次感受到丧女之痛。

接着，年氏所生的第七子福宜，在出生仅半年后就夭折了。幼子的病逝

[清] 郭朝祚 《征西图》

此图展现了将军领兵出征的威武场面，士兵们骁勇善战，战马奔腾，旌旗猎猎，画面气势磅礴。

让年氏再次受到打击。

之后，皇九子福沛竟然在出生当日就殇了。因为年氏怀孕时正好是康熙帝的大丧期，无休止的行礼、磕头，使年氏苦不堪言，最终不慎动了胎气，导致早产。福沛一生下来就是一个死胎。至此，年氏的情绪和她的身体一样，开始走下坡路。

雍正三年（1725年）十一月十五日，年氏一病不起。雍正帝急切地想挽救她，便采用了民间通用的办法——冲喜。雍正帝于当日下旨，晋封年氏为皇贵妃。但是一切都晚了，8天后，年氏离开了人世。一个月后，雍正帝毅然处死了年羹尧。

年氏去世时，她还有一个孩子活在世上，那就是福惠。福惠在母亲去世的时候刚刚5岁，然而在雍正六年（1728年）九月初九，福惠也殇了。

年氏所生的三个皇子，他们的名字中都有一个"福"字，雍正帝对他们都非常喜爱，并寄予很大期望。可惜，他们和年氏一样，都年岁不永，不可谓不遗憾。

[清]　郎世宁　《大臣戎装像轴》

据画中满文所写,该戎装大臣为年羹尧。年羹尧是清朝名将,文武双全。他驰骋疆场,战功卓著。雍正初年得宠,后来他恃功自傲,遭雍正帝猜忌,终被赐死。

言之不誣遂可薦舉胡期恆之頹以肆其蒙蔽也

今胡期恆來京所奏之言皆屬荒唐悖謬自云途

寵命日期及臣才力難勝下情合先具摺恭

謝陳

奏伏乞

睿鑒謹

奏

用保擢臂乏年羹堯近來其負憒之極一切

舉奏情擊年羹堯舉止狂妄肆讒著實不安

川陝任大責重邪卿不得其人勉為之但年

羹堯如此頇顢朕却大喜實實愧對天下

臣工朕卽十二諭服畣命舍此筆也可愧可愧

雍正三年四月十三日具

奏

奮威將軍世襲三等公提督四川總兵官拜他喇布勒哈番臣岳鍾琪謹

奏為欽奉

上諭事雍正三年四月十二日准吏部咨文內開雍

正三年三月二十五日內閣交出奉

上諭甘肅巡撫胡期恆朕素不識其人因西海初經收定必得熟悉邊地情形者畀以巡撫之職朕詢問年羹堯薦胡期恆謂可勝任前年羹堯曾薦王景灝求令陛見及王景灝來京朕觀其才具實屬可用是以此番薦舉胡期恆朕不疑卽用為甘肅巡撫後見揭祭金南鍈等七人朕察其情節甚不

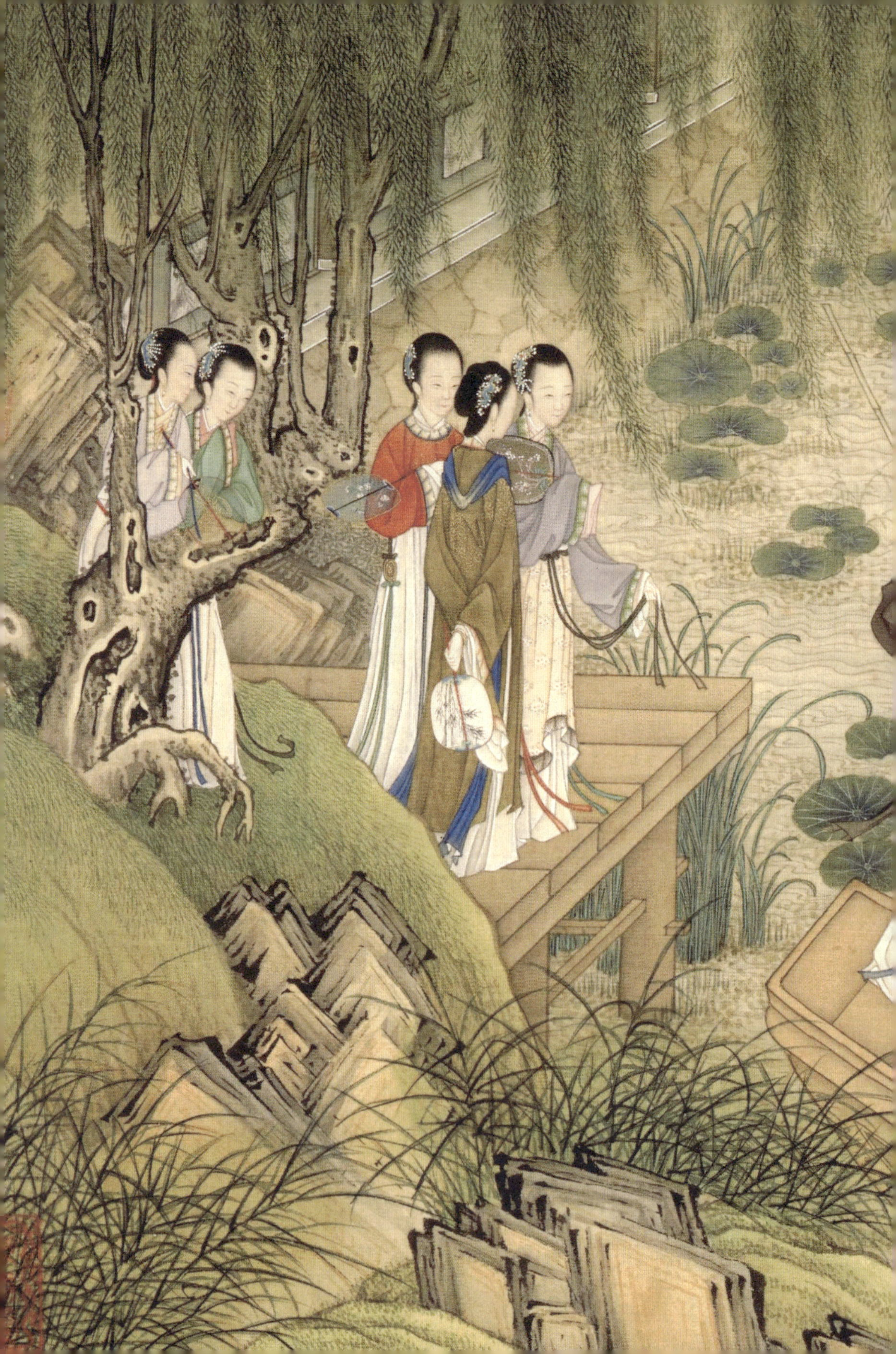

陆

乾隆帝后宫

生育了两个皇子的皇后

在乾隆帝的后宫中,有一个女子最受他尊敬爱重,那就是他的原配皇后——孝贤纯皇后富察氏。作为一个很挑剔的人,乾隆帝怎么会对孝贤纯皇后那么尊重呢?原来,她非常优秀。

富察氏出身名门,早在努尔哈赤时期,她的祖先旺吉努就追随努尔哈赤,屡立战功;曾祖父哈什屯官至内大臣、太子太保;祖父米思翰曾任户部尚书、议政大臣;父亲李荣保官至察哈尔总管;伯父马齐是保和殿大学士,另一位伯父马武官至都统、领侍卫内大臣。这样显赫的家族在后妃中是不多见的。尽管如此,富察氏却并不娇气,她非常简朴,不用金银器皿,不披金戴银,连荷包都是鹿羔绒制成的,表示不忘本色。而且最关键的是,富察氏懂得珍惜与乾隆帝的感情,愿意认真经营两人之间的感情。比如,她知道照顾乾隆帝。有一年,乾隆帝身上长了一个大疖子,太医说要静养百日,富察氏怕乾隆帝不听太医的话,便搬到乾隆帝寝宫外面,一面照料,一面监督,直到乾隆帝完全康复,她才搬了出去。这让乾隆帝很感动。而且富察氏端庄秀美,落落大方,颇有母仪天下的风范。

[清] 佚名 《孝贤纯皇后朝服像》

孝贤纯皇后娴于礼法,深明大义,具有较高的文化素养。画中,孝贤纯皇后气质高雅,服饰华丽且庄重。

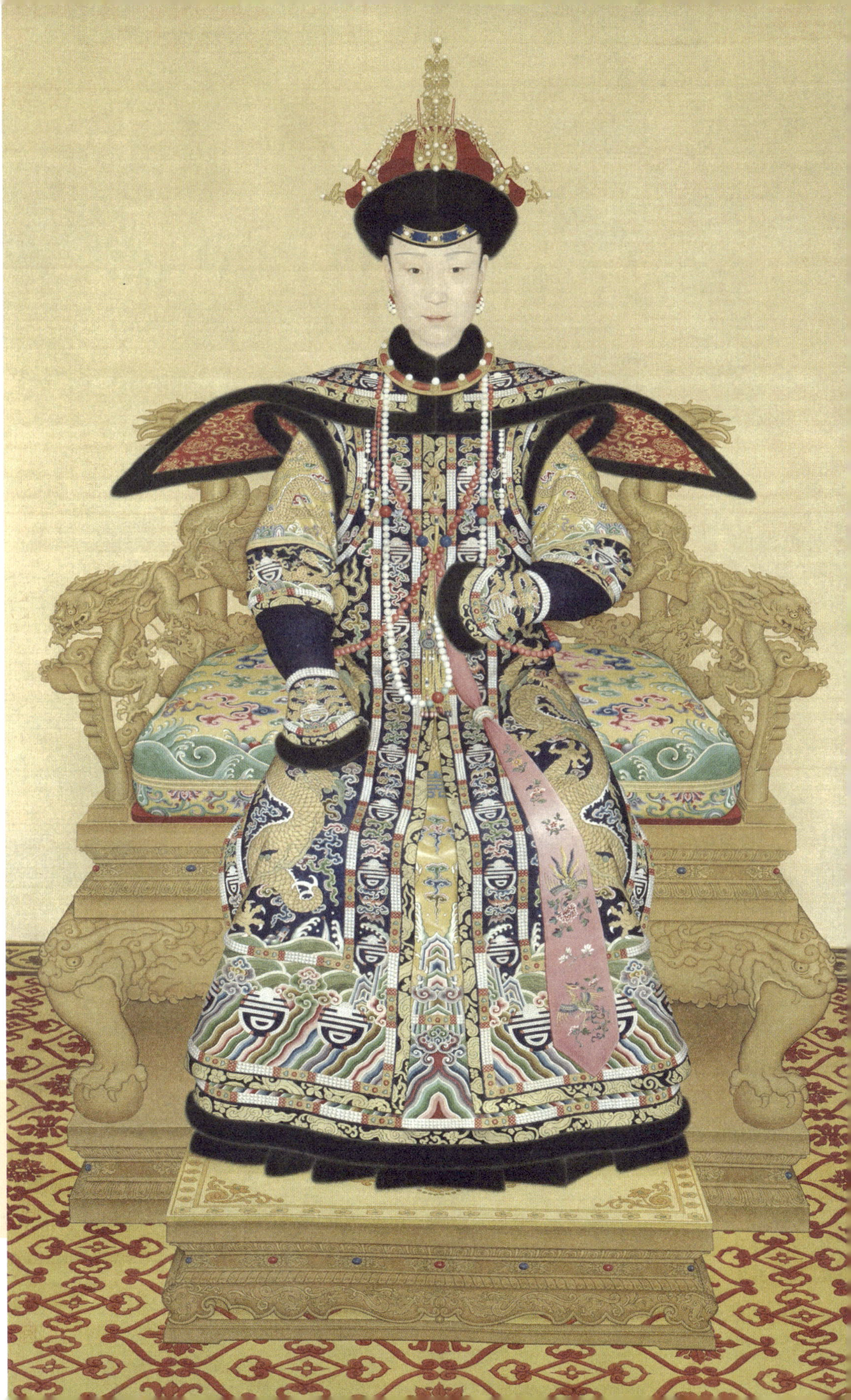

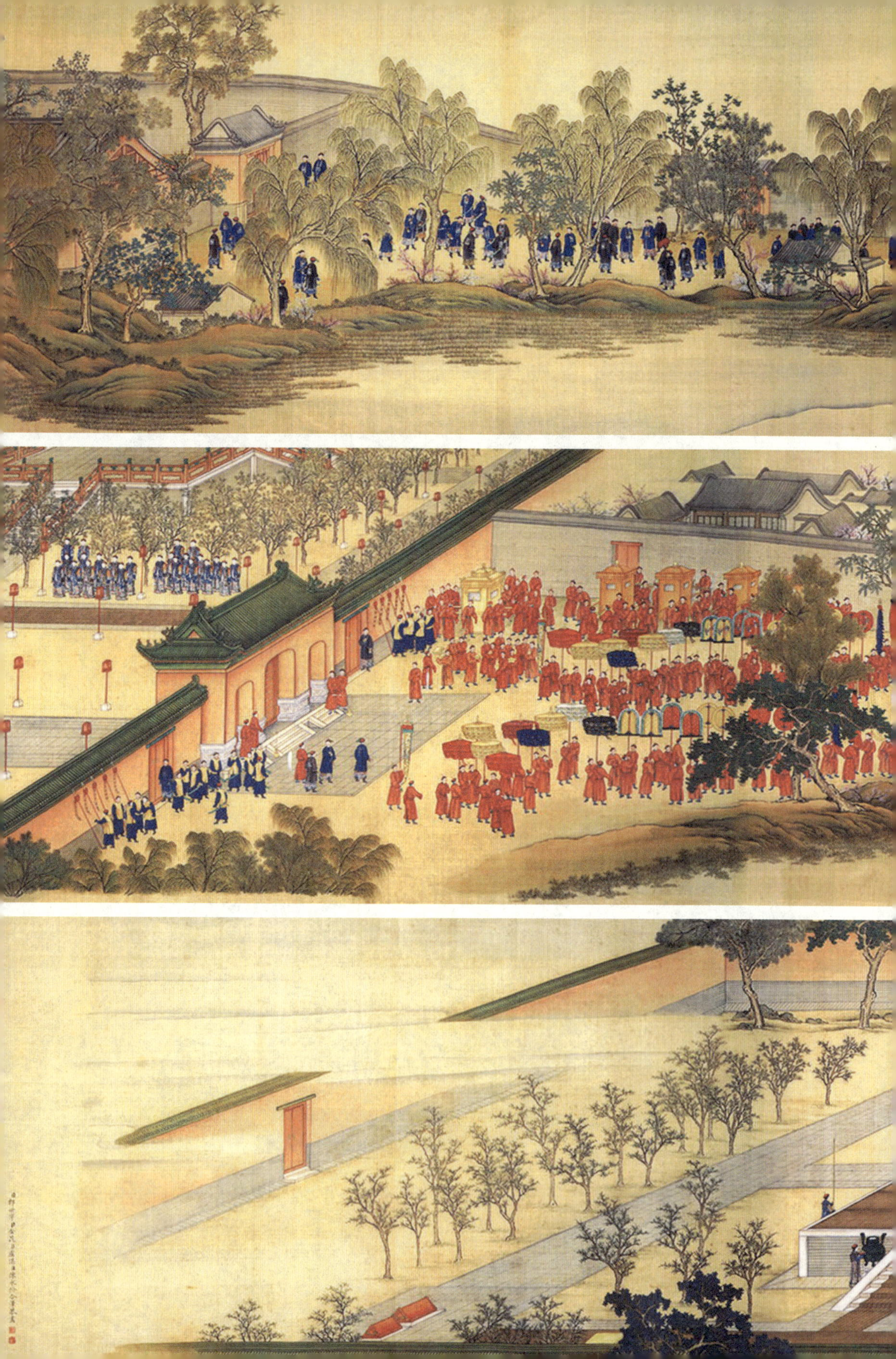

[清]　郎世宁　《孝贤纯皇后亲蚕图》

此图描绘了孝贤纯皇后亲蚕时的盛大典礼，场面宏大，人物栩栩如生。

当然，这一切都还不是关键，最关键的是富察氏为乾隆帝生育了两个皇子。一个是永琏。富察氏在雍正五年（1727年）与弘历成婚，第二年就生下一个女儿，雍正八年（1730年）生下一个皇子，雍正帝为其起名"永琏"。乾隆帝即位之后，在乾隆元年（1736年）七月初二秘密立储，把永琏的名字藏在乾清宫正大光明匾的后面。乾隆帝准备精心培养这个孩子，让他将来继承大业。可乾隆三年（1738年），永琏不幸因病夭折，年仅9岁，这让乾隆帝非常痛心。乾隆帝没有亏待这个孩子。他一面公布早年立太子的秘密诏书，让天下皆知，永琏已经做了3年的皇太子；一面为这个孩子修建豪华的陵墓，在清东陵旁边的朱华山选择了一处风景优美之地，修建了豪华的端慧皇太子园寝。

永琏夭折后，富察氏并没有灰心。她有一个心愿，就是一定要圆乾隆帝一个梦，给他生一个优秀的皇子，将来"接班"。乾隆十一年（1746年）四月初八，富察氏生下了一个皇子，排行第七。大家都非常高兴，乾隆帝给他起名永琮，暗示他将来要"接班"。可到第二年大年三十深夜，人们都在守岁吃饺子，永琮却因为出天花不幸夭折了。这简直是晴天霹雳，富察氏不能接受，当时就病倒了。

乾隆帝对此是什么态度呢？

第一，隆重地安葬永琮。乾隆帝公开了自己的想法，表示自己曾想立永琮为太子，所以在丧事规格上，要超过一般皇子，要隆重些。

第二，自责。乾隆帝深深自责，说这都是自己做得不好，福分没到，没有实现立嫡的愿望。本来他想实现前人没有实现的愿望，立皇后所生之子为太子，可惜两个孩子都夭折了，他感到既灰心，又惭愧。

第三，安慰皇后。乾隆帝知道，这个时候最难受的不是自己，而是这个孩子的母亲，皇后富察氏——这是她的亲骨肉啊！而且最关键的是，富察氏没有了希望。这个时候她已经36岁，还能不能再生皇子，已经没有把握了。所以乾隆帝百般宽慰她，决定带她出去散散心。乾隆十三年（1748年）二月初四，春寒料峭，乾隆帝带着皇后东巡山东，登泰山，游趵突泉。三月初八回銮。乾隆帝为了让皇后开心，到德州的时候，别出心裁，改陆路为水路，坐着龙舟从运河北上。可意想不到的事发生了。三月十一日晚上，皇后崩逝于龙舟上。

失控的皇后

在乾隆帝的后宫中，有一位特殊的皇后，那就是乾隆帝第二位中宫皇后乌拉那拉氏。之所以说她特殊，是因为她有争议——无论是在皇宫还是在民间，都有争议。

她是最令人满意的后宫主人。谁最满意呢？皇太后最满意，因为她是皇太后看上的。乾隆十三年（1748年），孝贤纯皇后病逝后，皇太后就开始物色继后人选。皇太后看上了乌拉那拉氏。当时，乌拉那拉氏只是一名贵妃，也没有生育过。皇太后看上了她，就找皇帝讨论这件事。乾隆帝开始审视她，发现她品行端淑，处事得体，符合皇后之德。乌拉那拉氏的好运来了。孝贤纯皇后的丧期一过，乌拉那拉氏就被立为中宫皇后。之后，她接连生育了三个子女：乾隆十七年（1752年）生皇十二子永璂，乾隆十八年（1753年）生皇五女，乾隆二十年（1755年）生皇十三子永璟。此时的乌拉那拉皇后真是顺风顺水。

可是，天有不测风云。乾隆三十年（1765年）正月，乾隆帝第四次南巡，皇后随驾。到杭州的时候，乾隆帝忽然传出话来，让皇后提前回京。

为什么乌拉那拉皇后会被勒令提前回京？皇太后认为其"性忽改常"，乾隆帝也在谕旨中对其加以斥责。有人说皇帝和皇后大打出手，皇帝还打了皇后，皇后一气之下没有忍住，竟然将自己的一头秀发剪去，惊呆了在场的所有人，也激怒了皇太后和乾隆帝。

现在看来，乌拉那拉皇后失控的举动就是剪发。为什么剪发会激怒皇太

[清] 郎世宁 《乾隆帝后妃像卷》

此像卷为乾隆帝及其后妃的半身肖像,画法融合中西,既表现出中国传统绘画的韵味,又展现了西方绘画的写实风格。

后和皇帝呢?原来,剪发实犯满洲大忌。满洲旧俗有殉葬之制,后逐渐以"剪发代殉"作为丧仪规制。这次,由于话不投机,皇后居然剪掉了自己的头发,这等于在诅咒皇太后或皇帝早死。

究竟是什么事刺激了皇后,使她愤然剪发呢?有以下三种说法:

一种说法是乾隆帝风流,激怒了皇后。这是野史的说法。说乾隆帝一行到杭州后,乾隆帝与宫外的女子勾搭。有人把这件事告诉皇后,皇后便用宫

规力劝乾隆帝改过收心。乾隆帝不依，反而变本加厉，于是皇后失控剪发。

另一种说法是皇后疯了，对皇太后不孝顺。这是乾隆帝的说法。乾隆帝对外公布，皇后在南巡途中突然疯了，胡言乱语，不能再随驾了。因此，乾隆帝命令额驸福隆安送皇后提前回京。这年皇后48岁，正值更年期，突然胡言乱语，倒也情有可原。

还有一种说法是乾隆帝另立新欢，激怒了皇后。这个新欢就是令贵妃。

[清] 乾隆帝 《西湖十景图》题字

以上是乾隆帝对西湖美景的细腻描写，既凸显了景点的特色，又融入了乾隆帝对自然与人文的独到见解。题字字迹工整、流畅，颇有文士之风。

兩峯南北十餘
里雲表都看盡
翠尖便是仙家縮
地法墨禪遊戲
正何妨

寶袙貽今歲月瞭
劉楨仍見雪飛花
便教一再新詩景鼻
祖終輸十大家
癸巳仲春㳺岱冠

脩內司供泛索
時名稱麴院玉
今遺水華自昔
方君子永礪陶家
廿首詩

誰能悟徹七條
披墨粟南屏等
古斯漫道歎鯨
聞不到洪鐘木有
寐於時

祇園西畔蓮池
清翠色交䌽縋

故知月到秋來好
秋月平湖晉末

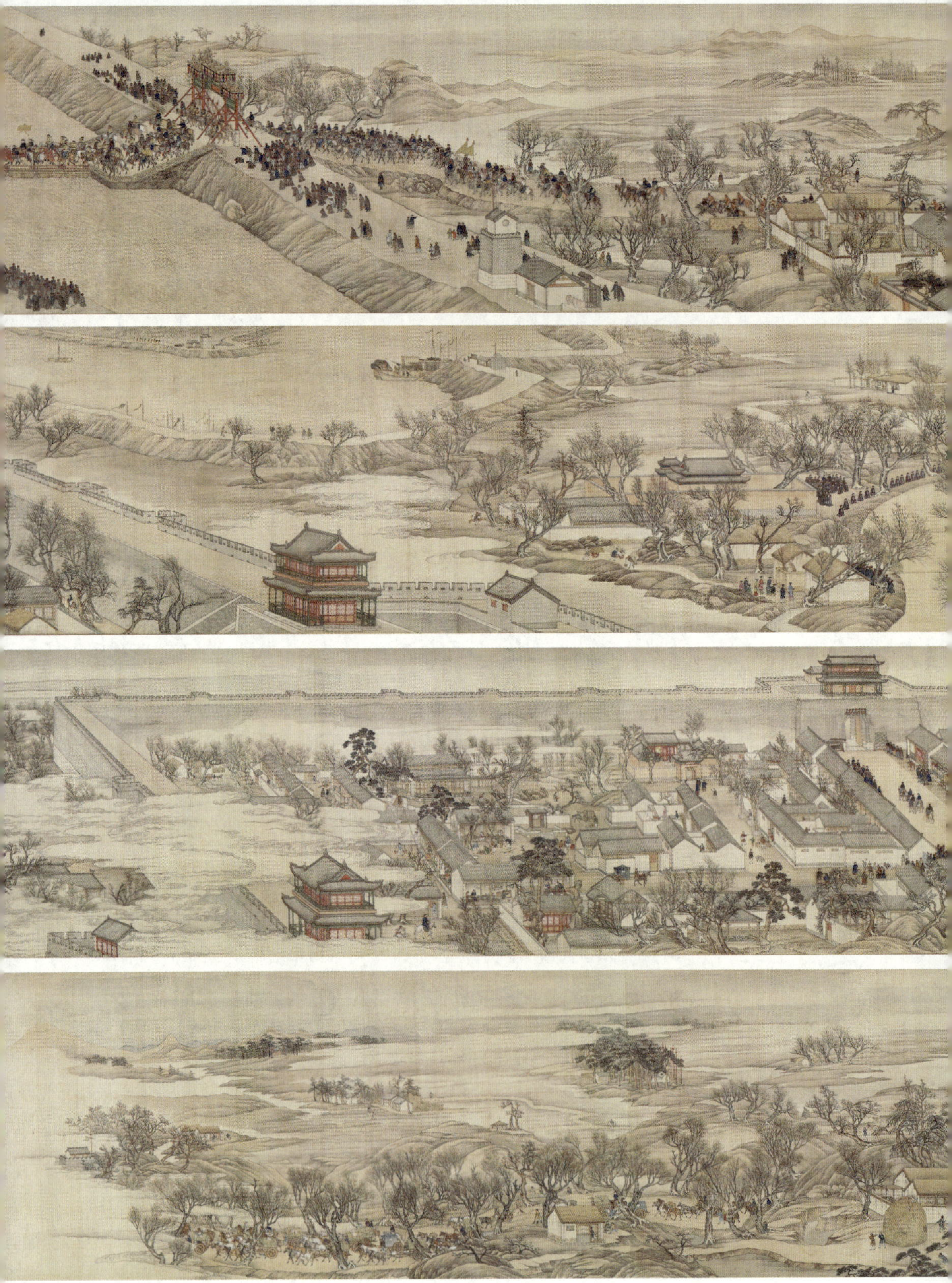

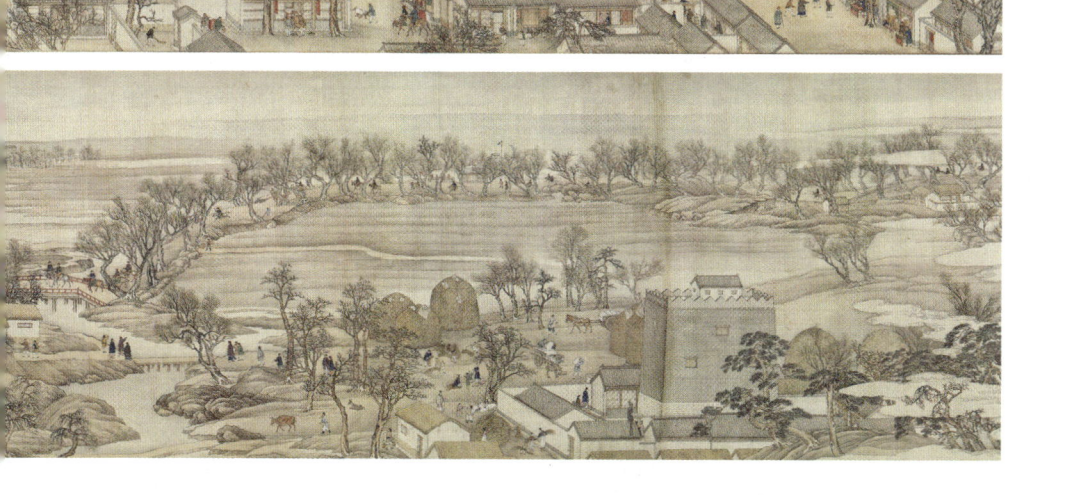

［清］ 徐扬 《乾隆南巡图卷第二卷·过德州》

此图生动地描绘了乾隆帝乘轿从山东德州附近的一座浮桥上过运河时的情景，展现了新修整的德州古城的壮丽风貌。

〔清〕徐扬《乾隆南巡图卷第二卷·过德州》（局部）

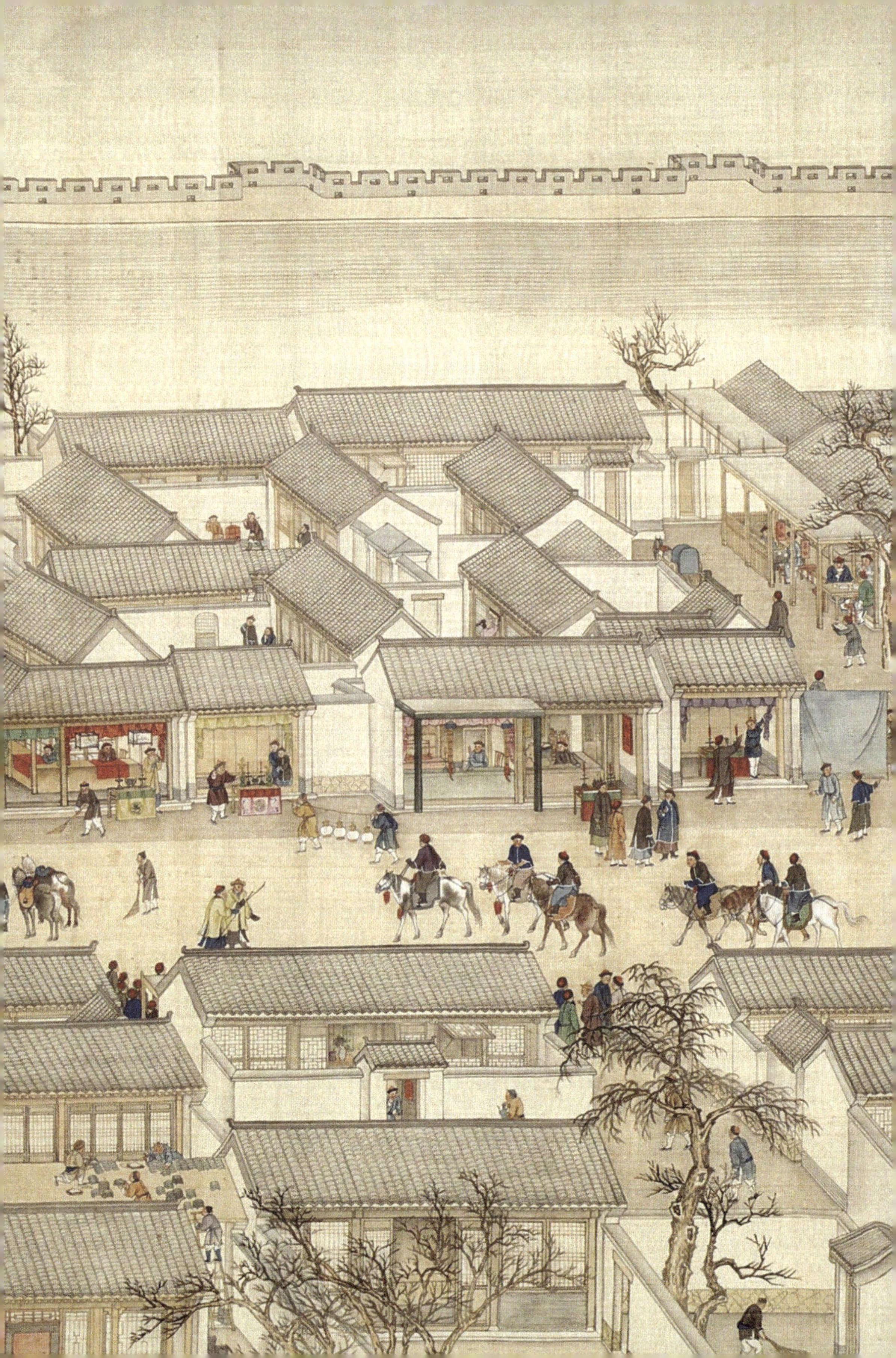

这种说法虽然没有得到乾隆帝的认可，却在乾隆四十一年（1776年）的一份档案中被披露。当年，有一个小人物叫严譄，他委托大学士舒赫德给乾隆帝上奏折，建言立后、立储等事。乾隆帝大怒，严审严譄。严譄受审时提及10年前的乌拉那拉皇后剪发事件，称此事与乾隆帝欲晋封令贵妃有关。我们查阅了档案，果然如此。就在乌拉那拉皇后剪发之后，令贵妃晋升为皇贵妃，并主持后宫事务。

乌拉那拉皇后失控剪发一事，看来真的大有隐情。

令妃其人

看电视剧《还珠格格》的时候,剧中的令妃引发了观众对历史人物魏佳氏的关注。

令妃是内管领魏清泰之女,原属满洲正黄旗包衣。这样的出身,在宫廷里面实在是比较寒酸。她入宫的时候,有可能是地位低下的宫女,由于一个偶然的机会,成了乾隆帝的妃嫔。地位不高,却能获得上下一致认可,说明她机灵,善于察言观色。

太后喜欢令妃。作为包衣出身的后妃,令妃在太后面前始终严守宫廷礼仪,侍奉太后得体、周到。太后很喜欢这样的儿媳妇,毕竟谁不喜欢听话又侍奉周到的人呢?

皇帝喜欢令妃。乾隆帝之所以喜欢令妃,是有原因的:一是年龄合适,她比乾隆帝小16岁,年轻漂亮;二是性格温柔,史料载其"性秉温恭",乾隆帝多次说令妃是一个"柔嘉"的女人。

令妃入宫后,很得乾隆帝喜爱,表现在:

一是位份一路飙升。魏佳氏入宫时,仅被封为贵人。经过努力,她的位份稳步上升:乾隆十年(1745年),册封为令嫔;乾隆十四年(1749年),册封为令妃;乾隆二十四年(1759年),册封为令贵妃;乾隆三十年(1765年),册封为皇贵妃,位份仅在皇后之下。乾隆三十一年(1766年),乌拉那拉皇后去世。从乾隆三十一年到乾隆四十年(1775年)魏佳氏去世,后宫之中没有皇后,由她统摄后宫。

二是宠冠后宫。魏佳氏生育了六个孩子。乾隆帝的后宫妃嫔很多,也

[清] 佚名 《孝仪纯皇后朝服像》

孝仪纯皇后魏佳氏是嘉庆帝生母。她的性格温婉，很得乾隆帝宠爱。她的一生见证了乾隆盛世的辉煌，其贤良淑德亦成为清朝后宫典范。

[清] 佚名 《弘历及妃古装像·弘历妃像》

此图细致地描绘了乾隆帝的妃子对镜梳妆时的情景。画中的妃子面容精致、身姿婀娜，蓝底华服衬托出她的温婉贤淑。

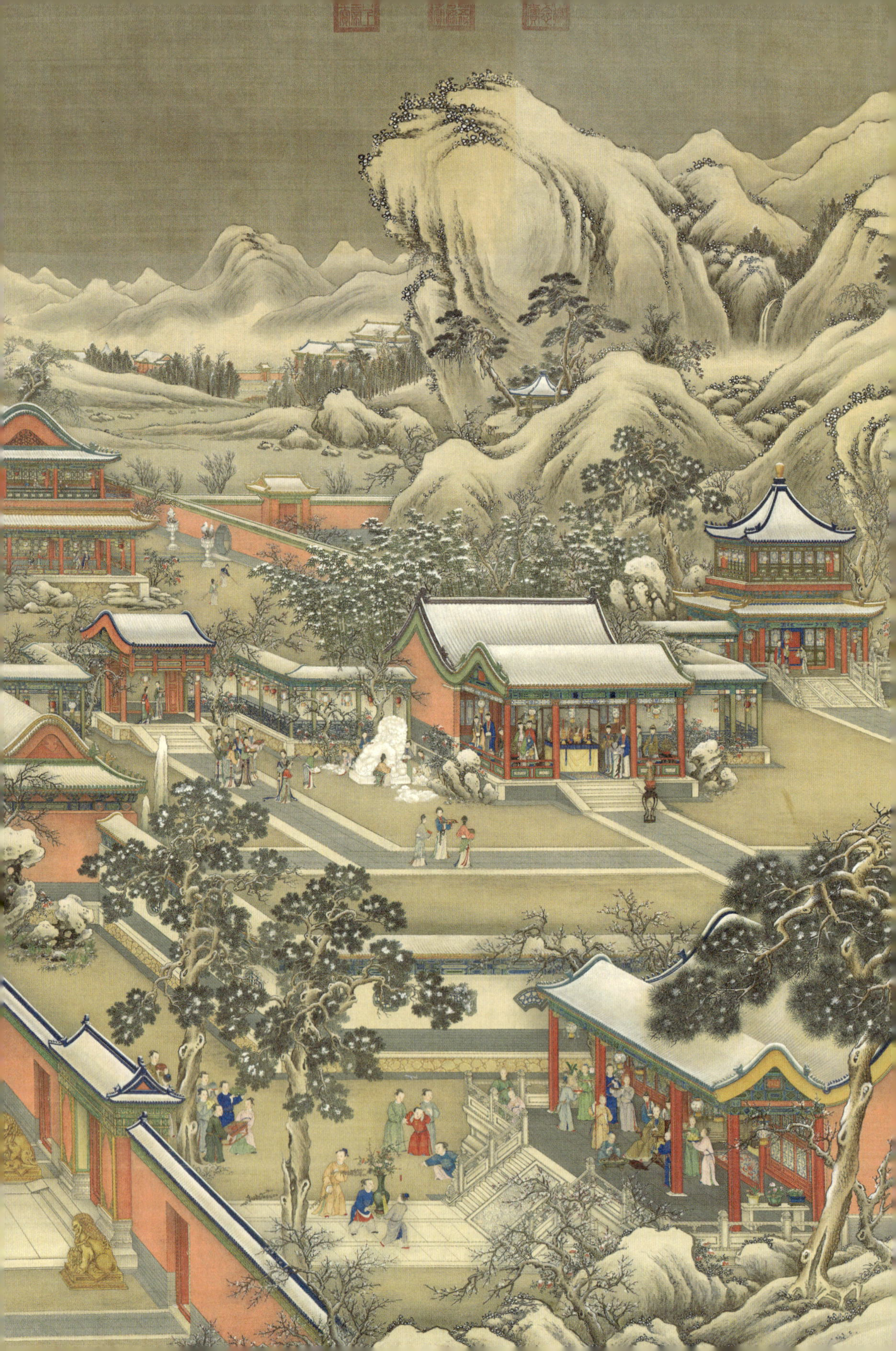

有更年轻的女子，但只有她生育最多，说明乾隆帝是很宠爱她的。我们看看她的生育情况：乾隆二十一年（1756年），生皇七女；乾隆二十二年（1757年），生皇十四子永璐；乾隆二十三年（1758年），生皇九女；乾隆二十五年（1760年），生皇十五子永琰；乾隆二十七年（1762年），生皇十六子（未正式命名）；乾隆三十一年（1766年），生皇十七子永璘。我们从魏佳氏生育的年份看，从乾隆二十一年开始，一直到乾隆三十一年，魏佳氏生育频繁，很是得宠，这在宫中十分难得。

但是我认为，魏佳氏是有问题的，她是踩着别人的肩膀上去的。首先，她乘人之危。看着乌拉那拉皇后近50岁，年老色衰，皇帝不太喜欢，她不是善意劝导皇帝，而是有意调唆。她也在太后面前调唆太后和皇后的关系，使帝后之间、婆媳之间关系紧张。其次，她挑起宫斗。乾隆三十年（1765年），魏佳氏趁乾隆帝南巡之际，推动晋封她为皇贵妃事宜，最终引发乌拉那拉皇后剪发之事。之后，乌拉那拉皇后失势，魏佳氏被晋封为皇贵妃，在宫斗中大获全胜。

[清] 郎世宁 《乾隆帝岁朝行乐图》

此图描绘了乾隆帝与皇室子弟共度岁朝的场景。图中乾隆帝端坐，慈祥地与孩童互动，展现出帝王温情的一面。

"香妃"真相

在清代妃嫔中，最具传奇色彩的就数容妃（民间称"香妃"）了。这个女子身上有很多难解的谜团。我们不妨来看一下。

第一，入宫之谜。容妃入宫的时间是乾隆二十五年（1760年），这一年她

[清] 佚名 《乾隆帝及妃威弧获鹿图卷》（局部）

此图生动地描绘了乾隆帝与皇妃在秋季的木兰围场骑马狩猎时的场景。乾隆帝英姿飒爽，拉弓射鹿；皇妃紧随其后，递箭协助。画面色彩艳丽，笔触细腻。

已经27岁了。这很奇怪,一般来讲,那个时代的女子在十二三岁就已经结婚了。有人说她是叛乱头目霍集占的妻子,乾隆帝仰慕她的容貌,所以命令大将军兆惠把她带进宫中。其实,容妃是她的哥哥图尔都带进宫的。

第二,名号之谜。我们遍查清宫档案,官方资料中根本没有"香妃"之名。那么这个名号究竟是怎么来的呢?在现存史料中,"香妃"之称最早见于光绪十八年(1892年),萧雄的《西疆杂述诗》,诗中提及"香娘娘"。民国时期,此名号因文学演绎而广为流传。

第三,死因之谜。根据清宫档案记载,容妃在宫中很得宠,乾隆帝特许她保留维吾尔族服饰习俗,并专设清真膳房。乾隆帝出巡时还经常带着她。到庆贵妃、皇贵妃去世之后,容妃在乾隆帝的后妃中已处于举足轻重的地位。乾隆五十三年(1788年),容妃病逝,终年55岁。

第四,葬地之谜。关于容妃的葬地,学界曾有三种推测:一说新疆喀什,

[清] 郎世宁等 《平定西域战图·平定伊犁受降》

该图生动地描绘了清军平定准噶尔部叛乱的辉煌时刻。清军将士威武列队,准噶尔部众跪迎投降,画面庄严肃穆、气势磅礴。容妃的胞兄图尔都在此战中立功。

平定伊犁受降
秉時命將定條
枝
天佑人歸捷報
馳多戰有征歛
絕域壺漿簞食
迎王師
兩朝締構敬云
繼百世寧綏有
兩思好雨優渥
土宇拓敦心郇

其实那是建于明崇祯十三年（1640年）的容妃家族墓，容妃既为皇帝妃嫔，死后就不会葬到娘家墓地；二说北京陶然亭，但这种说法没有任何依据；三说清东陵裕陵妃园寝，这里是乾隆帝的妃子墓地，据说容妃就葬在第二排东边第一个宝顶下面。

第五，体香之谜。1979年10月，容妃地宫塌陷，经国家文物局批准开展清理工作。考古人员对遗骨进行科学检测，确认她是维吾尔族女性，血型为O型，而且她的身体没有香味。至此，容妃体香之谜终于被揭开了。

乾隆帝怒杀小舅子

都说乾隆帝仁慈，有菩萨般的心肠。然而乾隆帝其实是个非常有原则的帝王，疾恶如仇，史料记载他斩杀了贪官高恒（慧贤皇贵妃之弟）。

乾隆帝有个非常得宠的妃子高佳氏，她的父亲高斌隶属内务府包衣，出身低微。高佳氏以秀女身份入选，初为皇四子弘历的侍女。雍正十二年（1734年）三月，雍正帝下谕旨，于侍女中超拔高佳氏为宝亲王侧福晋。这是高佳氏地位转变的开始，高斌也因此沾沐殊荣，遂上折谢恩。乾隆帝即位之后，晋封高佳氏为贵妃，这可是天大的恩典，高斌再度上折谢恩。乾隆帝回复："汝女已封贵妃并令汝出旗，但此系私恩不可恃也。"这是乾隆帝对高斌的恩典，同时也对其进行了警告，以免他日后骄纵不法。

果如乾隆帝所虑，多年后高家竟涉贪腐大案，涉案者是高斌之子高恒。

高恒出生于官宦之家，却不好好读书，不能通过科举步入仕途，以荫生授户部主事入仕。不久，高恒外放为山海关、淮安关、张家口关等税关的长官，署理长芦盐政，任天津总兵；乾隆二十二年（1757年），授两淮盐政。两淮盐政是个肥差，争此职的人不在少数。乾隆二十九年（1764年），高恒奉调回京，任上驷院卿，仍兼领两淮盐政。乾隆三十年（1765年），因其堂兄高晋为两江总督，应当回避，于是他不再领两淮盐政，而署户部侍郎。之后，高恒任总管内务府大臣、吏部侍郎等职务。

已经离开两淮盐政的高恒万万没有想到，3年后会有人告发他。乾隆三十三年（1768年），两淮盐政尤拔世密奏高恒贪污。乾隆帝非常重视，一面罢高恒的官职，一面命江苏巡抚彰宝会同尤拔世联合查办此案。经过调查，

慈賢皇貴妃

高恒贪污的银子竟然达数百万两。乾隆帝大怒，决心重办此案，判处高恒死刑。

乾隆帝的决定震惊了朝野，大家觉得乾隆帝应该顾及已故慧贤皇贵妃的面子，保住高恒的性命。这时，孝贤纯皇后的弟弟、大学士傅恒请求皇上顾及慧贤皇贵妃的面子，保全高恒。乾隆帝大怒道："如皇后兄弟犯法，当奈何？"傅恒胆战心惊，再也不敢为高恒求情。

也难怪乾隆帝这么严厉，高家后来又出了一个贪官。这个人就是高恒之子高朴。高朴也不是科举正途出身，而是凭借祖、父、姑三重关系，初授武备院员外郎，累迁给事中，巡山东漕政。乾隆三十七年（1772年），高朴破格升左副都御史。乾隆四十一年（1776年），高朴奉命去叶尔羌办事。距叶尔羌400余里处有密尔岱山，产美玉，已封禁。高朴疏请开采，每年一次。两年后，高朴被告发婪索金宝，盗卖官玉。经查，高朴在叶尔羌存银16000余两、金500余两。

乾隆帝闻报怒不可遏，下旨道："高朴贪婪无忌，罔顾法纪，较其父高恒尤甚，不能念为慧贤皇贵妃侄而稍矜宥也。"于是，高朴伏诛。

[清] 佚名 《慧贤皇贵妃朝服像》

此画笔法细腻，描绘生动，展现出皇贵妃的尊贵与威严。慧贤皇贵妃是乾隆朝被晋封的首位贵妃、首位皇贵妃。

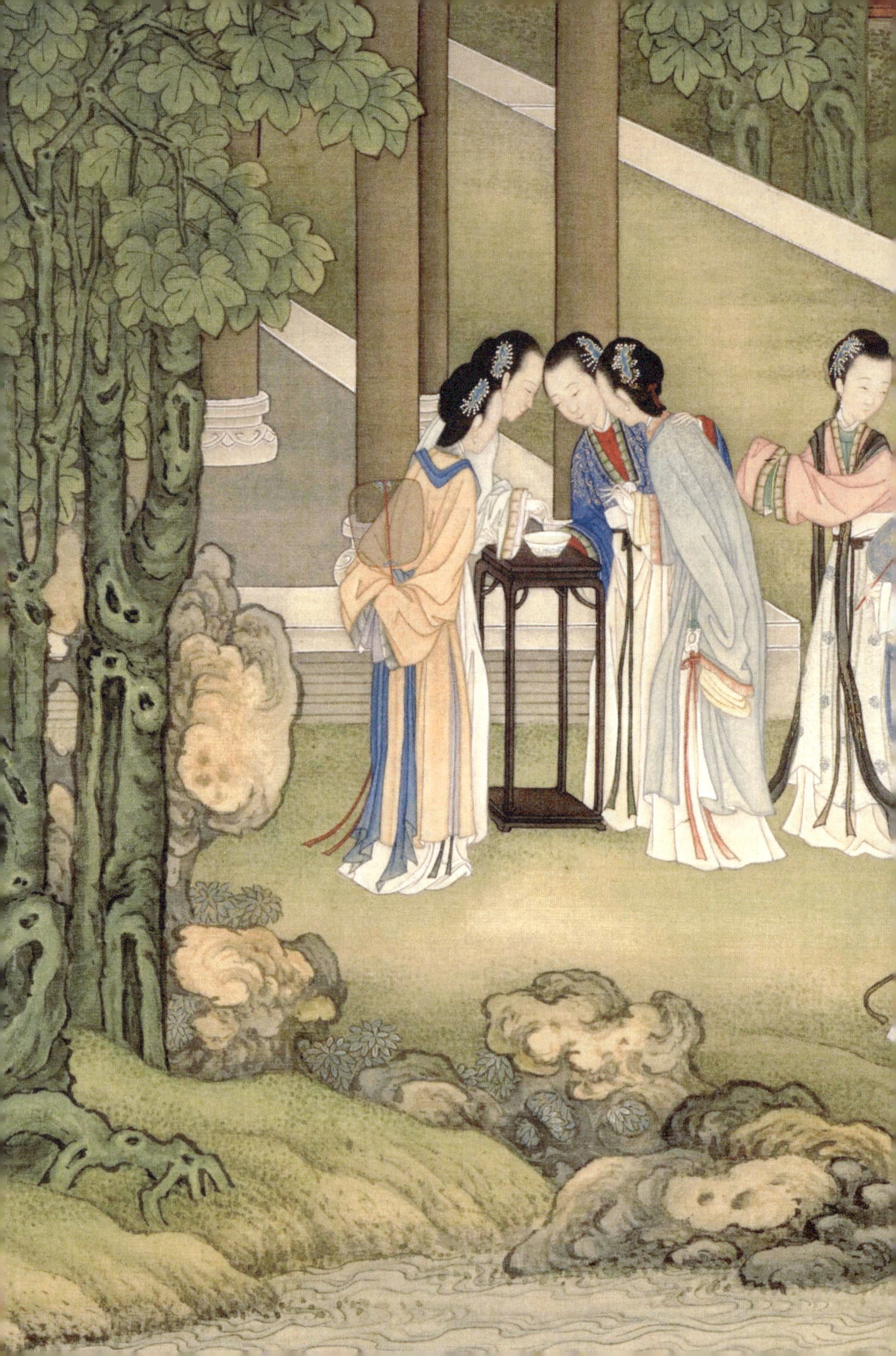

柒

嘉庆帝后宫

嘉庆帝的"怨妇"

这个"怨妇"说的就是嘉庆帝的嫡后喜塔腊氏,也就是嘉庆帝的第一任皇后。她一生过得是非常不错的。

一是不错的家境。喜塔腊氏出身于官宦人家,她的父亲和尔经额任总管内务府大臣、副都统。她自幼家境优渥,生活富足。

二是成为嫡福晋。乾隆三十九年(1774年),乾隆帝为皇十五子永琰指婚,择喜塔腊氏为嫡福晋。喜塔腊氏家族都为这桩婚事高兴。

三是生育子嗣。婚后,喜塔腊氏连育三个子女:乾隆四十五年(1780年)生第二女,乾隆四十七年(1782年)生第二子绵宁(道光帝),乾隆四十九年(1784年)生第四女。因其子绵宁聪慧稳重,深得乾隆帝和永琰喜爱,喜塔腊氏的地位愈加稳固。

可喜塔腊氏未曾料到,她的前途竟因接连的打击蒙上阴影。

一是不许颁发恩诏。皇后册封通常会大赦天下,让万民感念皇后的恩德。我认为,喜塔腊氏对此期盼已久。可礼部官员请示太上皇,竟遭驳回。

二是取消大臣进笺庆贺的礼仪。皇后册封是大事,皇帝要郑重册封,还要布告天下。可是,太上皇不仅下旨不布告天下,还取消了大臣进笺庆贺的礼仪。喜塔腊氏满怀的喜悦瞬间化为乌有。

在我看来,喜塔腊氏真是沮丧极了,这是她万万没有想到的事情。这个时候,她的内心极为灰暗,她太无助了。她想力争,一定要讨个说法。于是,

［清］ 佚名 《孝淑睿皇后朝服像》

孝淑睿皇后是嘉庆帝的嫡后。她15岁与永琰成婚，38岁薨逝。

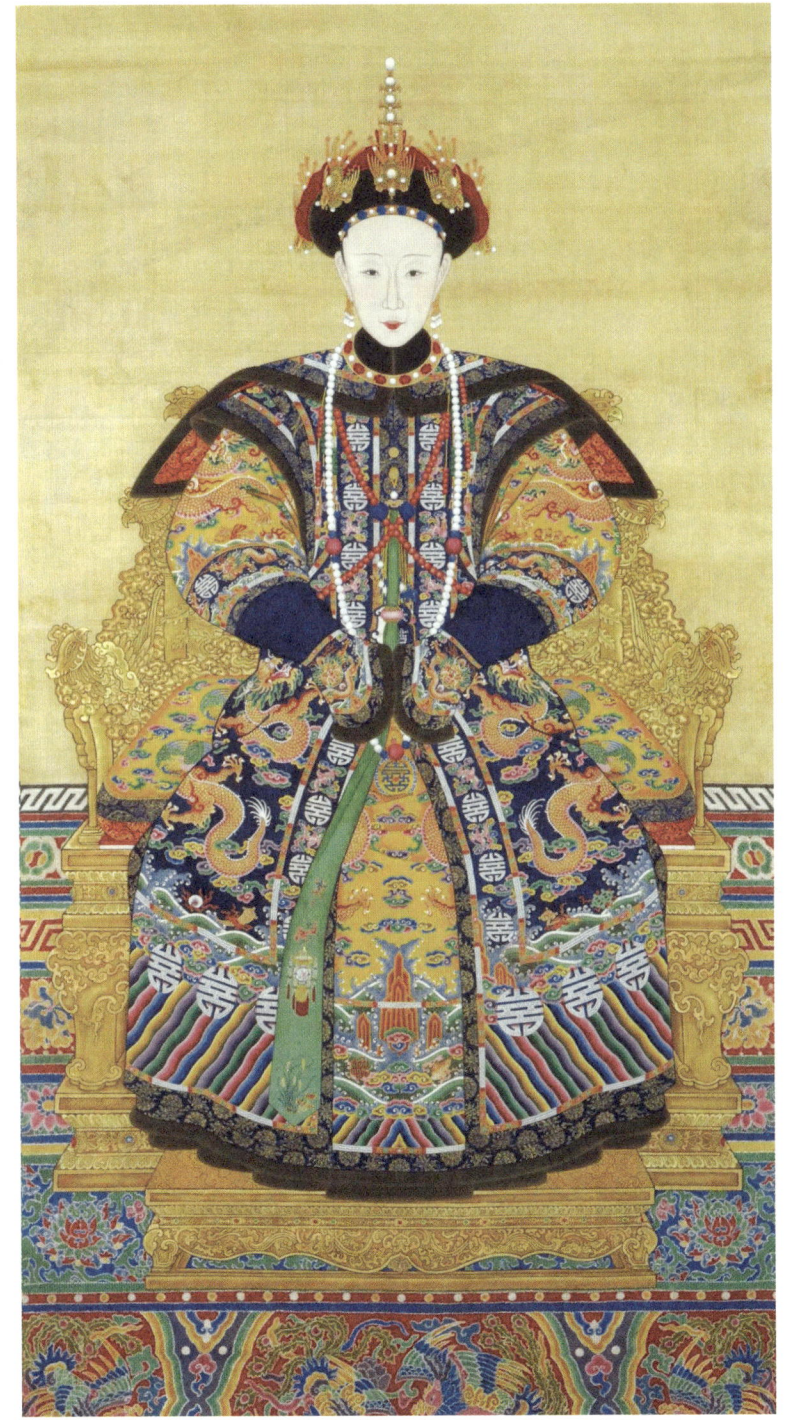

［清］ 嘉庆帝御用枪

　　嘉庆帝御用枪长 132 厘米，枪管口径 1.5 厘米。枪托上有嵌银丝楷书"嘉庆御用"及御制诗，诗文表明嘉庆帝告诫自己勿忘武备。

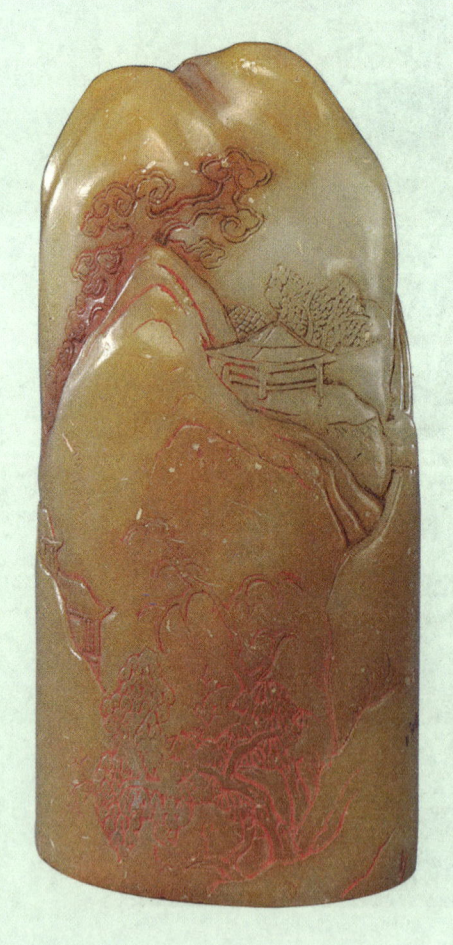

［清］ 嘉庆御览之宝

　　该宝印采用珍贵的寿山石雕刻而成，形制典雅。它用于嘉庆帝御览鉴赏过的书画作品上。

她找嘉庆帝理论。让她没想到的是，嘉庆帝并不给她做主。嘉庆帝淡然地说："一切听从父皇的吧。"喜塔腊氏愤怒至极："凭什么？！"可这一切都没用，她的怒火只能自我消化，没有谁会理睬她。喜塔腊氏绝望极了，她坚持不住了，病了且日渐严重。十三个月后，喜塔腊氏黯然离世。

太上皇"看中"的儿媳

乾隆帝非常重视皇十五子永琰的婚姻。乾隆帝在为永琰指婚嫡福晋喜塔腊氏后,又亲自为他选定侧福晋钮祜禄氏。我认为,此举主要基于以下两点考虑:

第一,出身好。钮祜禄是"满洲八大姓"之一。钮祜禄氏的父亲恭阿拉是清初"开国五大臣"之一的额亦都的后代,官至礼部尚书,家族显赫。

[清] 寿山石夔龙纽"嘉庆御笔之宝"

"嘉庆御笔之宝"是夔龙纽方形玺,上面阳刻篆书"嘉庆御笔之宝"六个字。此宝周边满刻浅浮雕夔龙及博古纹饰,上部雕夔龙出没于云间。

[清] 佚名 《孝和睿皇后朝服像》

孝和睿皇后钮祜禄氏，满洲镶黄旗人，是嘉庆帝的第二任皇后。她出身名门，勤勉节俭，得到了嘉庆帝的敬重。

第二，容貌端庄。钮祜禄氏端庄秀丽，年纪合适。

钮祜禄氏一入宫，就深得永琰宠爱，在永琰继位前，就生育了两个孩子：乾隆五十八年（1793年）生第七女，乾隆六十年（1795年）生第三子绵恺。

皇后喜塔腊氏崩逝后，太上皇召见嘉庆帝，说："既然皇后已经崩逝，中宫不可久缺，赶快立一位皇后吧。"按说这件事不用太上皇管，可令嘉庆帝意外的是，太上皇不仅要管，还直接指定皇后人选——贵妃钮祜禄氏。于是，嘉庆帝先晋封她为皇贵妃。嘉庆六年（1801年），她被册立为皇后。

有福气的皇后

嘉庆帝最有福气的皇后就是他的第二任皇后钮祜禄氏。钮祜禄氏生于乾隆四十一年（1776年）十月初十，礼部尚书恭阿拉之女。乾隆五十六年（1791年），她被指婚给嘉亲王永琰为侧福晋。嘉庆二十五年（1820年），嘉庆帝在承德避暑山庄突然病死，道光帝登基，孝和皇后被尊为恭慈皇太后，居寿康宫，道光二十九年（1849年）崩逝，享年74岁。

钮祜禄氏的福气之一，是她有一个好父亲。她的父亲恭阿拉是宏毅公七世孙，生于乾隆十八年（1753年），可谓出身名门。在钮祜禄氏成为皇后之后，恭阿拉的地位一路飙升：嘉庆十五年（1810年），晋工部尚书；嘉庆十六

［清］恭慈皇太后徽号册

册页华丽，记录着恭慈皇太后的尊贵徽号，是清朝宫廷礼仪与文化的生动体现。

[清] 佚名 《孝和睿皇后半身像》

　　这幅画细腻地展现了皇后的端庄与威严。画中的孝和睿皇后身着吉服，神态自若。

　　年（1811年），调任兵部尚书；嘉庆十七年（1812年），任礼部尚书，晋三等承恩公。恭阿拉平日谨小慎微，丝毫没有飞扬跋扈之态。《啸亭杂录》评价他："和平谦冲，虽居戚畹，无骄抗习态。"也正是恭阿拉的这种态度，才使他的女儿在宫中很安心，没有后顾之忧，得以尽享富贵快乐。

　　钮祜禄氏的福气之二，是她得到了嘉庆帝的宠爱。这一点很重要。钮

祜禄氏入宫不久，于乾隆五十八年（1793年）生第七女，这一年她才18岁；乾隆六十年（1795年）生第三子绵恺；嘉庆十年（1805年）生皇四子绵忻。嘉庆帝一生中，只有五位皇子，而她就生育了两位，足见她是很得宠爱的。这是她有福气的基础。

钮祜禄氏的福气之三，是她很长寿。钮祜禄氏身居宫中，得以养尊处优。她活了74岁，历经乾隆、嘉庆、道光三朝，直到道光二十九年（1850年1月23日），才以高龄谢世，可谓有福之人。

钮祜禄氏的福气之四，是她去世后得以单建陵寝。钮祜禄氏生前，道光帝并未给她建陵。她去世后，道光帝为她在昌陵以西的地方选择了万年吉地。咸丰帝即位之后，在财政极为困难的情况之下，为她修建了很有特色的昌西陵，使她得以安眠于地下。

[清] 仿哥釉长颈弦纹瓶

瓷瓶造型典雅，长颈纤细，瓶身布满精致的弦纹。该瓷瓶釉色温润，泛着淡淡的光泽。

嘉庆帝怒惩大舅子

嘉庆帝的嫡皇后喜塔腊氏的哥哥盛住曾经两次贪赃枉法，并因此受到嘉庆帝的严厉惩处。

第一次是嘉庆五年（1800年），盛住私自将皇宫内库的珠玉、瓷器，甚至将皇帝的玉宝拿出宫去，变卖肥己。盛住的妹妹是皇后，这令他很嚣张。可惜，妹妹没有福气，仅做了1年的皇后就崩逝了。好在嘉庆帝顾念皇后，对盛住很照顾，让他历任工部右侍郎、户部右侍郎、工部尚书等高职。可盛住是一个见利忘义的人，他胆大贪财，不顾一切，竟敢把皇宫中的珍宝拿出去变卖。但嘉庆帝顾念他是自己的大舅子，便从轻处罚：革去全部差事，保留公爵，令其悔过自新。

第二次是在嘉庆帝的昌陵工程中，盛住侵吞公款。事情发生在嘉庆九年（1804年），西陵赞礼郎清安泰告发盛住，说盛住身为西陵总管内务府大臣，却不履行职责，如祭祀时，不亲自前往行礼，却命人代替。另外，清安泰举报盛住居然在风水禁地之内开塘取石，只为肥己。

嘉庆帝得报，极为震怒，下令惩处盛住：拔去双眼花翎，革掉公爵，拟处死。后来，嘉庆帝还是顾及盛住是外戚，加恩免死，发往乌鲁木齐，并赏给他一个副都统的职衔。嘉庆十二年（1807年），盛住去世了。

本来事情已经过去了，盛住也去世了。可是嘉庆十三年（1808年），砖商孙兴邦控告笔帖式双福监理昌陵工程时，任意侵贪银两。嘉庆帝很重视，下令审理，结果揪出了盛住贪污万年吉地工程银两高达9万两的惊天大案。

嘉庆帝这次真是愤怒至极，他为此下了一道长长的圣谕，痛斥盛住："丧心昧良，至于此极！设使其身尚存，必当锁拿廷讯，加以刑夹，明正典刑，即行处斩，断不能幸逃法网。"也就是说，即使盛住还活着，嘉庆帝也一定要将其处死，来维护律例的尊严。不仅如此，嘉庆帝甚至要对死去的盛住"开棺戮尸"。

嘉庆帝无法惩办已经死去的盛住，就拿盛住的家人开刀。嘉庆帝下令把盛住的三个儿子达林、庆林、丰林，两个孙子崇喜、崇恩全部革职，圈禁。并在惩处相关的官员时，令盛住的所有子孙跪着观看，以示惩戒。随后，盛住的子孙被发配到了黑龙江和吉林，效力赎罪。

盛住作为皇帝的大舅子本应安享尊荣，却因爱财贪赃，遭此大祸，还要祸及子孙，这真是孝淑睿皇后的大不幸，也是嘉庆帝的大不幸。

[清] 端石嘉庆御赏长方砚

砚为端石质地，圆角长方形，温润细腻，边框环饰缠枝莲纹，雕刻精细。

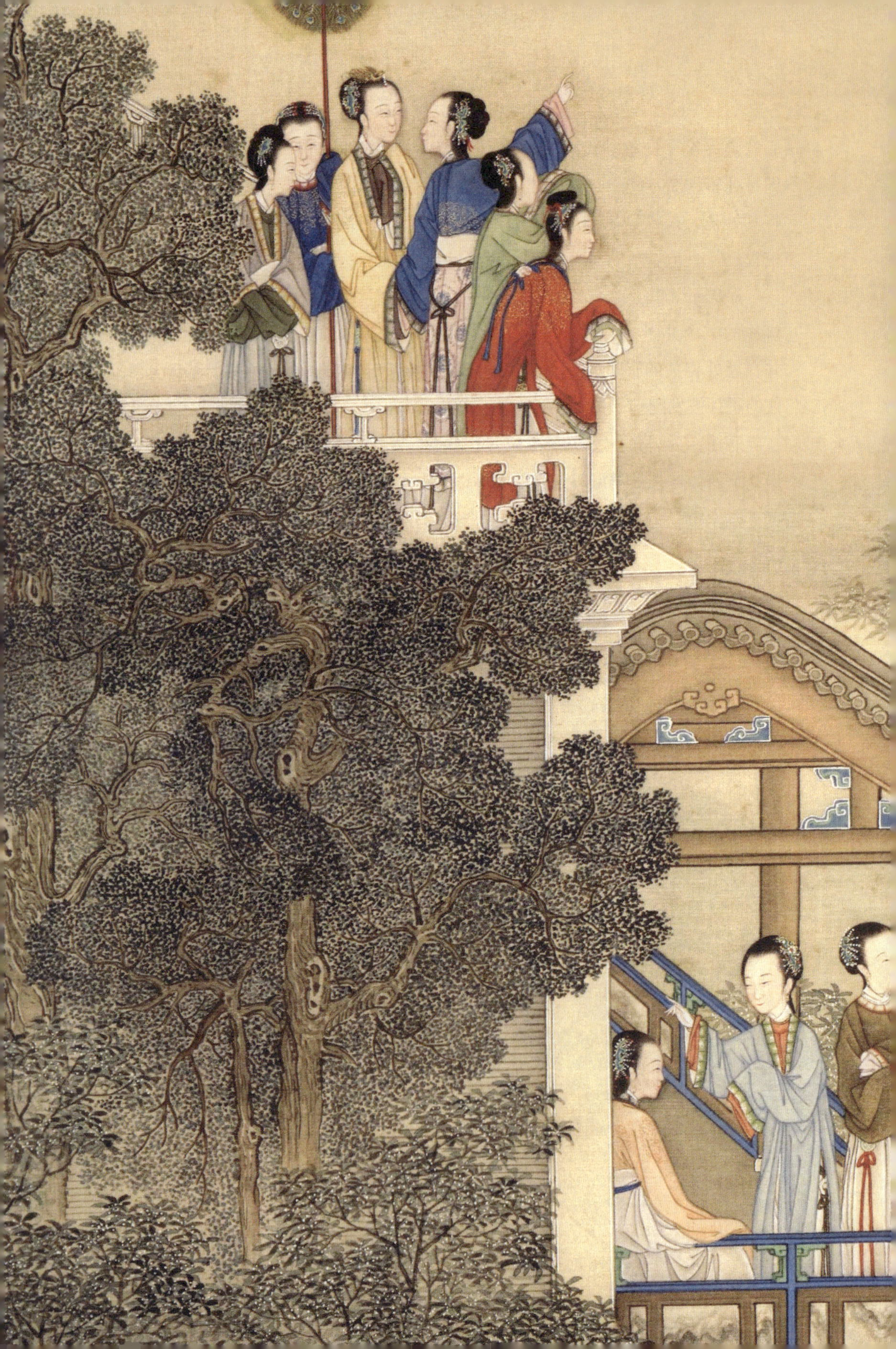

捌

道光帝后宫

春节期间暴亡的皇后

皇帝妃嫔成群，能够成为皇帝最爱的女人实在不简单。那么，这个女人是谁呢？

她就是钮祜禄氏，三等承恩公颐龄之女，满洲镶黄旗人。她比道光帝小26岁，入宫后一度宠冠后宫，成为令人瞩目的人物。她之所以这么得宠，除了年轻，还与她独特的气质有关。钮祜禄氏"幼时随宦至苏州，明慧绝时。曾仿世俗所谓七巧板者，斫木片若干方，排成'六合同春'四字，以为宫中新年玩具"。因为生长在苏州，江南文人气息熏陶了钮祜禄氏，她聪明机警、心灵手巧，成为具有江南美女气质的满洲女子。一入宫，钮祜禄氏就深深地吸引了道光帝。当然，钮祜禄氏也收获不小。

第一，位份直线上升。道光二年（1822年），钮祜禄氏被晋封为全嫔，年15岁；道光三年（1823年），册封为全妃，年16岁；道光五年（1825年），册封为全贵妃，年18岁；道光十三年（1833年），晋封为皇贵妃，年26岁；道光十四年（1834年），册立为皇后，年27岁。至此，钮祜禄氏仅用12年就走到了皇后之位。尤其是道光十四年，钮祜禄氏被册封为中宫皇后，距离前任皇后去世仅过去了18个月。而清朝家法规定，皇后丧事为国丧，要过27个月才能册封下一任皇后。道光帝提前了9个月册封钮祜禄氏为皇后，也是一种特殊的恩宠吧。

第二，不错的生育状况。道光五年，钮祜禄氏生皇三女；道光六年（1826年），生皇四女。密集的生育说明了她在道光帝心中的地位。道光十一年（1831年），钮祜禄氏生皇四子奕詝，母凭子贵，地位日隆。

[清] 佚名 《孝慎成皇后朝服像》（局部）

此图以细腻的笔触生动地展现了孝慎成皇后的端庄与威严。朝服上精美的刺绣和华丽的配饰，彰显了皇家的尊贵。

可是天有不测风云，幸福的时光很快就过去了。道光二十年（1840年）正月十一日，正当人们欢度春节之际，钮祜禄氏却突然离世，年仅33岁，可谓英年早逝。

关于皇后之死，有一种普遍的说法，那就是钮祜禄氏利令智昏，获大罪。第一，干预朝政。钮祜禄氏干政，在历史上是有记载的。她曾经与宗室禧恩勾结，"禧恩自道光初被恩眷，及孝全皇后被选入宫，家故寒素，赖其资助，遂益用事"。钮祜禄氏家族得到禧恩的资助，当然不会白拿他的银子。于是，禧恩在钮祜禄氏的关照下，成为道光朝炙手可热的人物。第二，毒害奕䜣。《清宫词》中有"如意多因少小怜，蚁杯鸩毒兆当筵"之句，大概讲的是，钮祜禄氏为了让自己的儿子当皇太子，做了糊涂事，企图下毒，毒死最有竞争

[清] 佚名 《孝全成皇后朝服像》

此图展现了孝全成皇后身着华丽朝服的尊贵形象。画中的孝全成皇后仪态端庄，服饰精美，尽显皇家风范。

[清] 佚名 《孝全成皇后与幼女像》

此图展现了孝全成皇后钮祜禄氏与其幼女日常生活的场景。画中的皇后面容温婉，气质优雅。

力的皇六子奕䜣。奕䜣的生母为静贵妃，奕䜣、奕詝为同父异母兄弟。

我推测，由于这两条大罪，钮祜禄氏最终走上了不归路。那么，是谁处死了她呢？有人认为是她的婆婆。关于钮祜禄氏被其婆婆处死，有以下两种说法：

一是被逼自杀。钮祜禄氏获罪，据传是太后使用家法，传旨皇后，要她自尽。可钮祜禄氏不想死，太后便命宫女在皇后的宫门前日夜哭泣，逼得钮祜禄氏走投无路，投缳自尽。

二是道光帝残忍地杀害了她。《清稗类钞》记载，"道光中，某夜，宣宗在乾清宫盛怒，厉声呵斥，立召值班侍卫王某入宫门，授以宝刀，令一宫监带至某宫第几室，于床上取一宫眷首覆命，不知其为何事也"。这个宫眷究竟是谁？为什么会被道光帝如此残忍地杀害？猜想一下，如果钮祜禄氏果真做出有碍皇家子嗣的事情来，道光帝一翻脸，把她处死的可能性也是有的。

[清] 孝全成皇后谥册

此谥册记述了孝全成皇后一生的功德业绩及其庙号、谥号。谥册有10页，册文为楷书浅刻填金。

"白辛苦"的静贵妃

静贵妃博尔济吉特氏,满洲正蓝旗人。道光帝很喜欢她。

博尔济吉特氏进宫的时候年龄小,只有 14 岁,虽然符合秀女进宫的年龄,但是道光帝的年龄大了——他 39 岁做皇帝,道光五年(1825 年)就 44 岁了。两人相比,静贵妃比道光帝小 30 岁。

博尔济吉特氏进宫不久就怀孕了,道光六年(1826 年),她开始了第一次生育,生皇次子奕纲;道光九年(1829 年),生皇三子奕继;道光十年(1831 年 1 月 20 日),生皇六女;道光十二年(1833 年 1 月 11 日),生皇六子奕䜣。博尔济吉特氏刚刚 21 岁就生育了四个孩子,其中三个皇子、一个公主,儿女双全,说明她很受宠。

频繁生育,得到的当然是待遇的提高。道光帝对博尔济吉特氏太满意了,当然不会亏待她。

一是位份飞速晋升。博尔济吉特氏 14 岁为静贵人,15 岁晋封静嫔,16 岁晋封静妃,22 岁晋封静贵妃,29 岁晋封皇贵妃,主持后宫事务。从道光二十年(1840 年)开始,一直到道光三十年(1850 年)道光帝去世,博尔济吉特氏以皇贵妃的身份做了 10 年的后宫之主。

二是委以重任。道光二十年正月十一日,皇后钮祜禄氏暴亡,道光帝便命博尔济吉特氏抚育年仅 10 岁的皇四子。

我推测,这个时候,博尔济吉特氏很得意,她认为以目前的状况,自己将来做皇后肯定没问题,甚至还有可能成为皇太后,因为自己所生的皇六子奕䜣不仅相貌堂堂,还很有才干,皇帝也很喜欢,继承皇位应该没问题。于

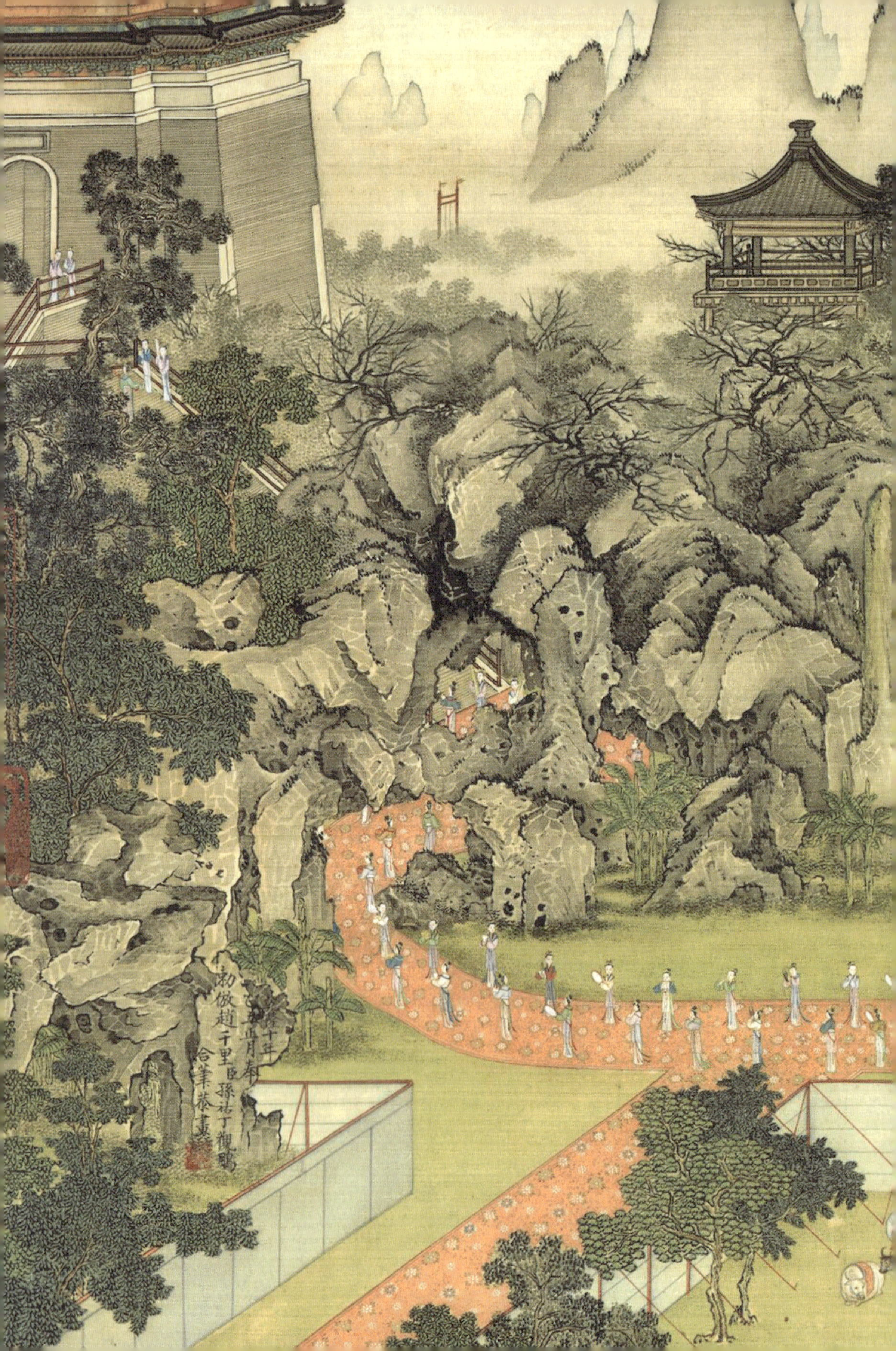
十年五月奉
敕倣趙千里臣孫祜丁觀鵬
合筆恭畫

[清] 孙祜 《仿赵千里〈九成宫图〉》（局部）

此图展现了众多宫廷女子等候进入宫殿时的场景。画面布局紧凑，人物生动，线条流畅，色彩鲜艳。

﹝清﹞ 佚名 《执瓶仕女图》

图中的仕女高绾发髻，裙带飘飘，手捧高瓶，姿态优美。整幅画作线条流畅，色彩柔和。

是，她希望这一天早日到来。

可是道光三十年正月，道光帝在弥留之际打开了秘密立储的匣子。看看谁将继承皇位呢？"皇四子奕詝立为皇太子"。就是这个结果，奕䜣只能当亲王。我认为，博尔济吉特氏此刻是五内俱焚的，自己辛辛苦苦代行皇后职责，10年的艰辛，又给皇帝带了孩子，到头来居然是这个结果！看来，自己后半生的日子要看人脸色了。

咸丰帝即位后，博尔济吉特氏和她的儿子过得怎么样呢？

首先，博尔济吉特氏受尽了窝囊气。按理说，奕詝即位，就应该考虑养母的功劳，10年的养育之恩，没有功劳还有苦劳呢，尊为皇太后理所应当。可咸丰帝迟迟不办，直到博尔济吉特氏病情加重，眼看就不行了，咸丰帝才不得不尊她为皇太后，可惜8天后她就离世了，终年44岁。更可气的是，养母去世后，咸丰帝在各个方面削减太后丧仪。比如，太后的谥号只有八个字，不给太后建陵，不亲自送太后棺材等，都属于违制行为。

其次，博尔济吉特氏的儿子受尽了窝囊气。博尔济吉特氏的儿子奕䜣很优秀，当年，道光帝在奕詝和奕䜣谁当继承人的问题上犹豫不决，最终因奕詝仁慈而被立储。奕詝即位后，当养母还在世时，他不得不做出重用奕䜣的姿态。可养母一去世，他立即罢免奕䜣的重要职务，从此奕䜣不再被重用，被排除在咸丰朝的权力核心之外。咸丰十一年（1861年）七月，咸丰帝病危之际临终托孤，选了八位顾命大臣，奕䜣被排除在外。

节俭嫁女儿

道光帝继承了父皇嘉庆帝节俭的美德，同时发展了嘉庆帝的节俭做法。他在即位之初就颁发了《声色货利论》，阐述了自己节俭治国的方略。

道光帝认为，国家承平日久，难免"渐生侈靡"，一定要在源头上加以遏制。同时，他要求官员了解百姓的"稼穑之艰"，一根丝一粒米都是百姓的血汗，要倍加珍惜。道光帝最可贵的地方，就是他对节俭的认识。他认为："俭者，福之源也。"道光帝把俭朴看作幸福的源泉，这也是道光帝几十年如一日坚持俭朴治国的内在动力。

道光帝节俭的事例有很多，史籍有所记载。

比如，道光帝规定上朝不奏乐，还宫不举行仪式，不设仪仗，因为他认为这些都是没有用处的繁文缛节，不仅浪费金钱，而且消耗时间。

再如，道光帝崇尚节俭饮食，规定"每日只点四簋"。相传，有一次皇后过生日，他只让用猪肉打卤面赏赐内廷各位妃嫔，这可是从来没有过的事情。

又如，道光帝穿衣服十分节俭，曾经在穿破的套裤上打补丁。这件事被朝臣看在眼里，便有人想模仿。宠臣曹振镛的裤子破了，也打了补丁。不管曹振镛的裤子是否破了，也不管道光帝的套裤是否真的破了，道光帝这种倡导节俭的做法对当时的社会风气还是有一定影响的。

道光帝最为明显的节俭行为，是他规定了皇室成员的婚庆礼仪。他规定，皇子、公主结婚，除了各种跪拜礼仪，其他要一切从俭，"嗣后皇子、皇孙一经指婚，其福晋父家置备妆奁不得以豪华相尚，一概务从俭约"。这个规定被记载在了《光绪朝东华录》中。我们查阅史料，发现就连道光帝的公主出嫁，

[清] 佚名 《历代帝王贵妃大臣朝服像》（富察·景寿）

富察·景寿出身名门，是工部尚书之子，娶道光帝之女。他是咸丰帝在临终时任命的赞襄政务王大臣之一，历经多场政治风波。

也遵从了节俭办事的原则。

道光帝的四公主，即寿安固伦公主，生于道光六年（1826年）四月初六，生母为孝全成皇后，当时为全贵妃。因为之前的三位公主都已早逝，四公主便是实际意义上的长公主，加之是皇后所生，所以四公主出嫁时，道光帝十分重视。但因为道光帝一贯的节俭原则，四公主的婚事还是一切从俭。

道光二十一年（1841年），四公主16岁，被父皇指配，下嫁蒙古台吉德穆楚克札布。按照规定，纳采这一天，额驸要到午门献一九礼：骆驼一头、马八匹。次日，进宴九十席、羊九九（81）只、酒四十五樽。结婚当天，额驸要到午门献九九礼：文马二九（18）匹、其所配鞍辔及甲胄二九（18）副、马二十一匹、骆驼六头、宴九十席、羊九九（81）只、酒四十五樽。

但道光帝指示，一九礼可以进献，九九礼停止。他还指示，今后所有公主下嫁一律停止进献九九礼，取消成婚时盛大的宴会。道光帝最宠爱的四公主的结婚仪式，就这样简单地结束了。

风光葬女儿

道光帝虽然一生节俭，但他也有铺张的时候。在清东陵的东侧，马兰峪以东3里的许家峪村，有一座公主园寝，当地人称其为公主陵。这里埋葬着道光帝的两个公主和两个皇子，共四人。他们其实都是孩子，最大的7岁，最小的1个多月。道光帝为了安葬这四个孩子，不惜花费银两，修建了这座园寝。

这座公主园寝的建筑规制为：享堂3间，两侧为卡子墙；园寝门1座；宫门3间1门，绕以朱垣，绿琉璃瓦盖顶；宫门外有东西厢房各3间，围墙80丈（1丈=3.33米）。除了没有碑亭，其余各建筑与清代陵寝建筑规制大体吻合。《钦定礼部则例》记载，"固伦公主若有子孙奏请建碑给谥者，准其立碑勒文"。而端悯固伦公主年仅7岁就夭折了，不符合立碑亭的条件，因此该园寝没有碑亭。

享堂是该园寝的主体建筑，位于宫门与宝顶之间，堂内供放神牌，是祭祀的主要场所。享堂为单檐硬山顶，有前廊，绿琉璃瓦盖顶。享堂上的彩画很独特，除了有旋子彩画，还在几处梁架上加进一些山水花鸟的图案，生气勃勃，带有苏式彩画的意味。一般来讲，旋子彩画适用于比较庄严肃穆的陵寝建筑中，清东陵的建筑彩画都属于这一种，而苏式彩画是在五彩的花边内加绘灿烂的内容，如山水花鸟、人物图案等，内容丰富，情节感人，体现了生活气息，给人以美的感受。

大门相当于帝后妃陵寝的宫门，位于园寝的中轴线上，单檐硬山式建筑，绿琉璃瓦盖顶，面墙均为城砖灰砌，抹饰黄泥，提刷黄浆挑檐石，角柱石均

[清] 佚名 《寿臧和硕公主朝服像》

寿臧和硕公主是道光帝第五女，生母为祥妃钮祜禄氏。她于道光二十一年（1841年）获封寿臧和硕公主，并于道光二十二年（1842年）下嫁恩崇。然而，公主于咸丰六年（1856年）便逝世了，年仅28岁。

为青白石。

这座公主园寝建筑规制虽小，但总占地面积约为7942平方米。道光帝让他的儿女就算到阴间，也要享受高人一等的特殊待遇。

端悯固伦公主为道光帝第一女，生于嘉庆十八年（1813年）七月初三酉时，殇于嘉庆二十四年（1819年）十月二十日，年仅7岁，追封为郡主。其生母为潜邸继妃佟佳氏，即孝慎成皇后。嘉庆二十五年（1820年）九月，追封为端悯固伦公主，道光七年（1827年）奉安许家峪公主园寝。

皇二女，生于道光五年（1825年）正月十三日子时。其生母为祥嫔钮祜禄氏，后晋祥妃。皇二女仅活了半年，于道光五年七月十四日殇，未封，与端悯固伦公主同时葬入公主园寝，宝顶设于端悯固伦公主宝顶西。

皇次子奕纲，生于道光六年（1826年）十月二十三日亥时，其生母为静嫔博尔济吉特氏，即孝静成皇后。道光七年（1827年）二月初八殇。道光三十年（1850年）正月，咸丰帝追封他为顺郡王，谥曰：和。他与端悯固伦公主、皇二女同日入葬，其宝顶设在端悯固伦公主宝顶之东。

皇三子奕继，生于道光九年（1829年）十一月初七午时，与皇次子奕纲为同母所生，同年十二月二十八日夭折，仅活了一个多月。道光三十年正月，咸丰帝追封他为慧郡王，谥曰：质。道光十一年（1831年）十一月十二日葬入公主园寝，其宝顶在最东边。这四个宝顶自西至东一字排开。

[清]　银镀金点翠嵌宝福寿簪

簪身以银镀金打造，点缀翠羽与宝石，寓意福寿双全。

[清]　银镀金仙人簪

簪身以银镀金制成，细腻光亮，仙人形象栩栩如生，仿佛跃然簪上。

妃嫔多遭降格

有人说，道光帝的性格内向，这很有道理。我们查阅史料，发现道光帝的性格还有些喜怒无常。我们从道光帝后妃的宫廷经历中看得最清楚。

道光帝有后妃 21 人。其中，皇后 4 人、皇贵妃 1 人、贵妃 3 人、妃 3 人、嫔 4 人、贵人 4 人、答应 1 人、官女子 1 人。她们共为道光帝生育了 19 个孩子，其中皇子 9 人、公主 10 人。

道光帝的这些后宫妃嫔，大多有着坎坷的经历。其中，被降格是很平常的事情。本来后妃的位份来之不易，只要是升上去了，没有大的过错，是不能降格的。但是，道光帝的妃嫔大多有被降格的经历，实在是一个很奇怪的宫廷现象。

皇贵妃乌雅氏，小道光帝 40 岁。她进宫之初就是贵人，但不久被降为常在。不过乌雅氏后来深得帝宠，有了连续的生育。

彤贵妃舒穆禄氏，郎中玉彰之女。入宫后，由贵人、嫔、妃升为贵妃，并且生育了 3 位公主。道光二十四年（1844 年）三月十七日，彤贵妃生下皇十女后，同年九月初十突然被降为贵人，连降三级。此后，一直到道光帝去世，彤贵人的位份都没有改变。究竟是因何事，惹得道光帝这么生气，无从查考。

成贵妃钮祜禄氏，入宫后，其位份反复升降。道光八年（1828 年），她被封为贵人；不久，被降为常在；道光十六年（1836 年）再被封为贵人；道光二十五年（1845 年）晋为嫔；4 年后，又被降为贵人。此后，一直到道光帝驾崩，她的位份也没有改变。

[清] 佚名 《雍宫式范·彤妃》

画卷上,彤妃端庄秀丽,气质高雅。宫廷画家运用中西结合的笔法,将彤妃的五官刻画得细致入微。

佳贵妃郭佳氏,道光十四年(1834年)获恩宠,被封为常在;道光十五年(1835年)晋为贵人;道光十六年晋为嫔;道光二十年(1840年)被降为贵人。

祥妃钮祜禄氏,郎中久福之女。入宫时被封为贵人,道光三年(1823年)晋为嫔,第二年晋为妃。道光五年(1825年),祥妃生皇二女,道光九年(1829年)生皇五女,道光十一年(1831年)生皇五子奕誴。令她没有想到的是,道光十七年(1837年),她被连降两级,由妃降为贵人。

常妃赫舍里氏,入宫时被封为贵人,道光四年(1824年)晋为嫔,道光五年晋为妃。但是好景不长,道光六年(1826年),她被降为嫔,并把已经打造的珍妃金印、金册交给造办处熔化;道光九年(1829年),被降为贵人。

顺嫔辉发那拉氏,道光四年被封为常在,不久晋为贵人,道光八年(1828年)被降为常在。

豫嫔尚佳氏,入宫时被封为常在,道光二十年(1840年)被降为答应。

恒嫔蔡佳氏,道光十四年(1834年),入宫时被封为贵人,不久被降为常在,之后被降为答应。

[清] 贺世魁 《御苑行乐图》

　　画作生动地展现了暮春时节道光帝在御苑中的悠闲生活。画中有亭台楼阁、古松怪石，花木繁茂，景色优美。道光帝在正中端坐，妃嫔环侍，尽显尊贵。

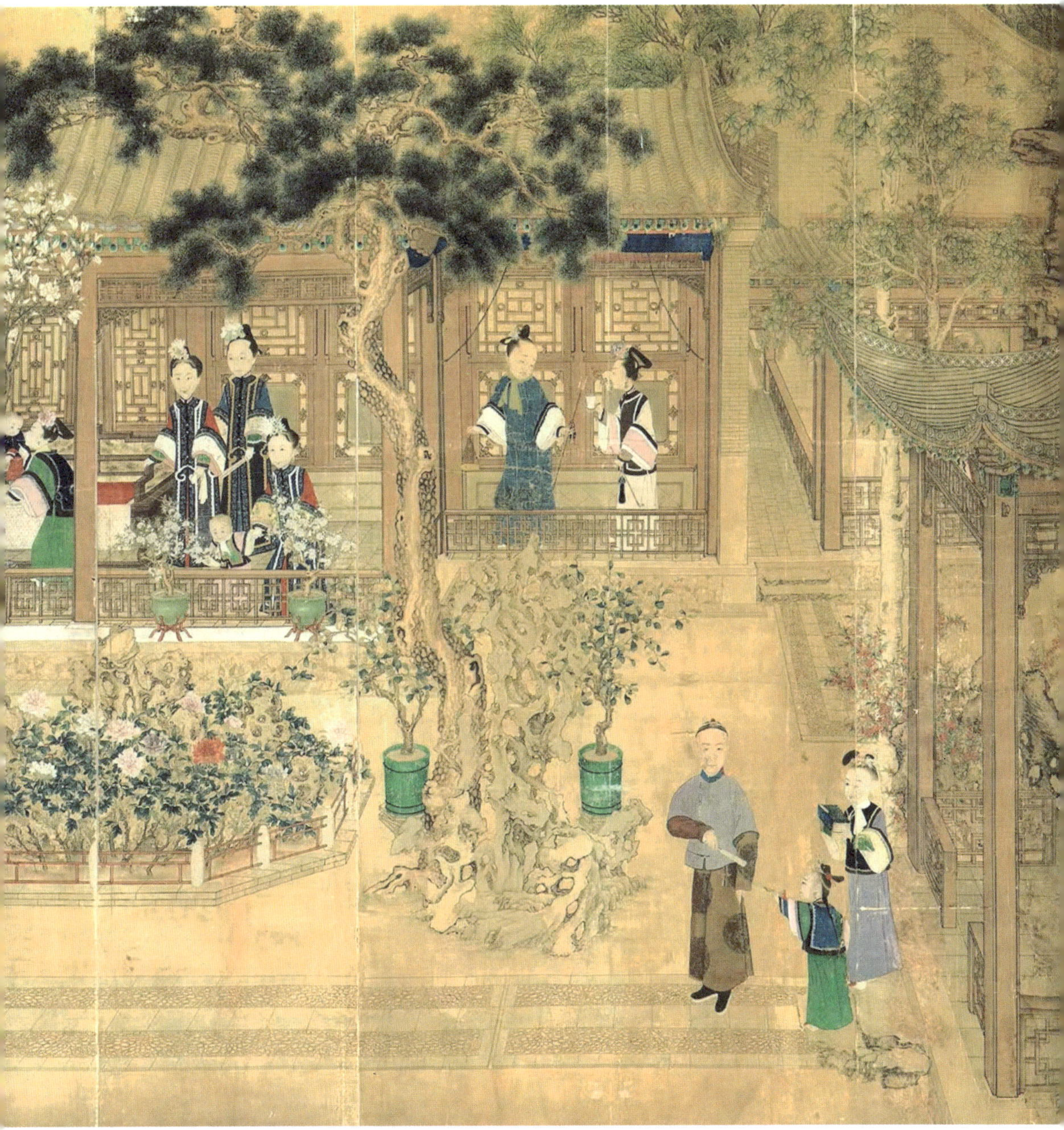

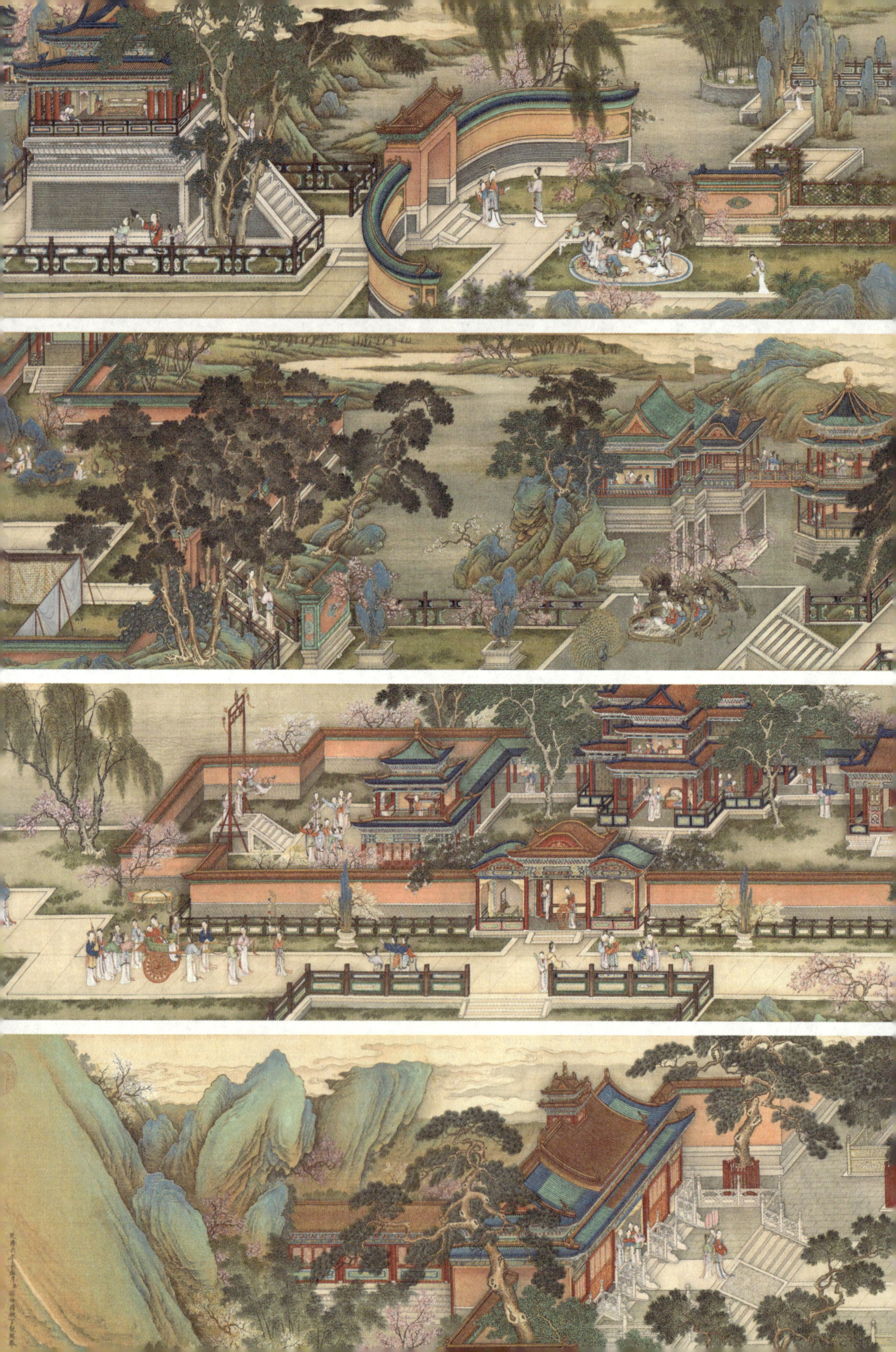

［清］ 孙祜 《院本汉宫春晓图》

此画以细腻的笔触描绘了宫廷妃嫔的日常生活，画面繁复华丽，人物神态各异，展现了宫廷生活的奢华与闲适。

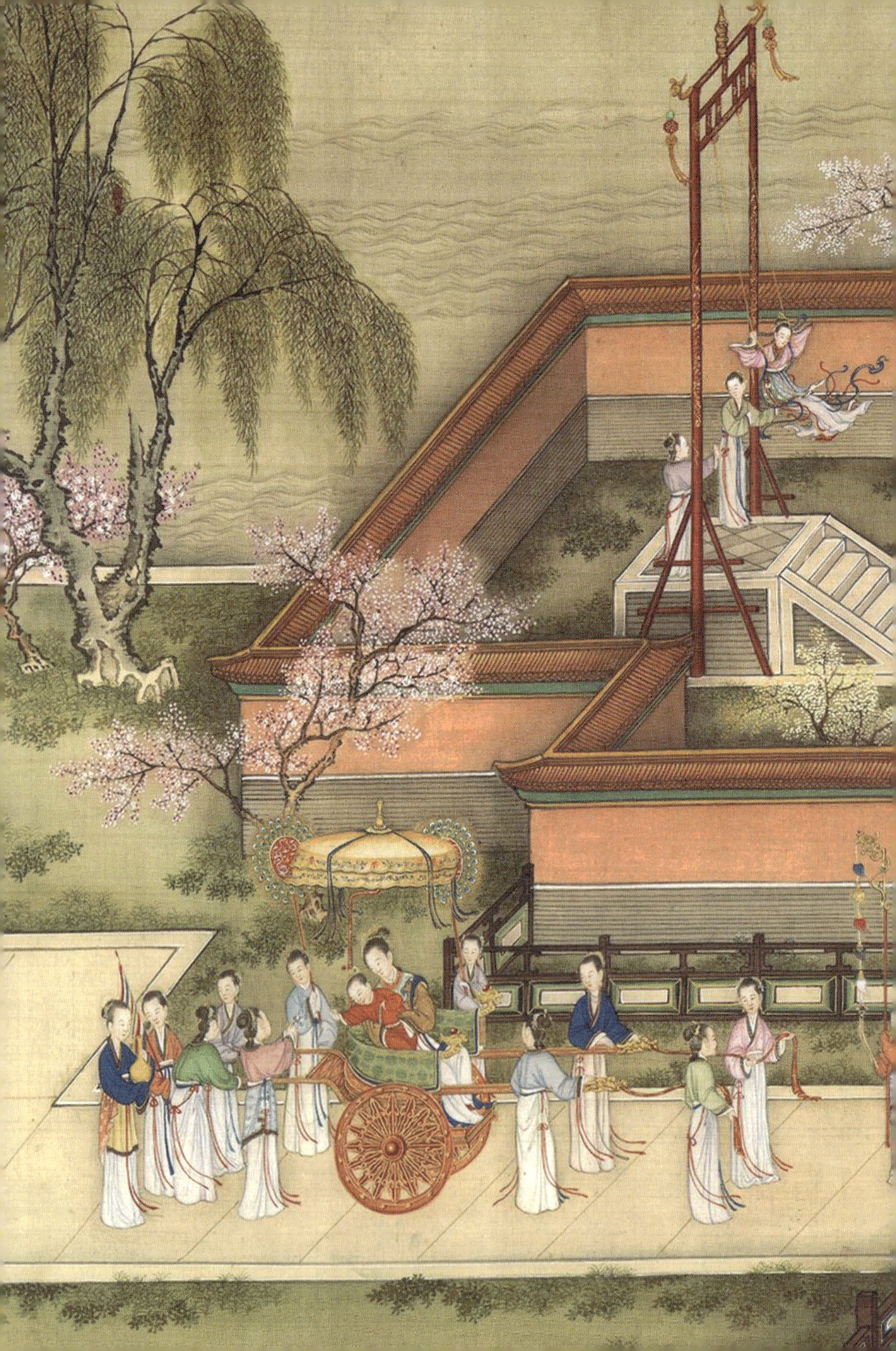

[清] 孙祜《院本汉宫春晓图》局部

李贵人，内务府六库郎中李善保之女，比道光帝小45岁。李氏14岁入宫，被封为常在。几个月后，她被降为答应。

那贵人辉发那拉氏，比道光帝小43岁，道光二十年（1840年）被封为常在，同年晋为贵人，道光二十一年（1841年）被降为常在，道光二十五年（1845年）被降为答应。

睦答应赫舍里氏，道光二年（1822年）被封为贵人，道光十年（1830年）晋为嫔，第二年被降为贵人，不久被降为答应，之后被降为官女子。

刘官女子，道光十一年（1831年）被封为常在，道光十三年（1833年）被降为答应，道光十五年（1835年）被降为官女子。

由上我们可以看出，在道光帝的后宫之中有这么多女子被降格，这让她们非常郁闷，有的甚至因此而丧命。但有三位妃嫔，在经历了难以接受的降格之后，却能熬过困境，寿及高数。她们分别是：成贵妃，终年76岁；佳贵妃，终年75岁；豫嫔，终年82岁。其中，豫嫔成为道光帝所有后妃中最高寿的一位。分析其原因，她们在道光朝都没有生育，并且她们在道光帝去世之后得到了后世皇帝的礼遇，日子一天比一天好，所以才顺心如意地活着并得享天年。

为道光帝生育最多的两位妃嫔

在道光帝的众多后妃之中，只有七位生育了孩子。其中，有两位妃嫔分别生育了四个孩子：一位是皇贵妃，另一位是琳贵妃。

皇贵妃博尔济吉特氏比道光帝小30岁，刑部员外郎花良阿之女，死后其娘家被抬入满洲正黄旗。

皇贵妃的后宫升迁之路是逐级而上的。初入宫时，她被封为静贵人。道光六年（1826年），刚刚15岁的静贵人怀孕，当年十月生皇次子奕纲，静贵人母凭子贵，于当年晋封为静嫔。道光七年（1827年），她被册封为静妃。

道光九年（1829年），静妃生皇三子奕继，二十几天后，此子就夭折了。道光十年（1830年），静妃生皇六女，初为和硕公主，道光二十四年（1844年）被加封为寿恩固伦公主，下嫁景寿。道光十二年（1832年），21岁的静妃生皇六子奕䜣，也就是后来的恭亲王。道光十四年（1834年），她被册封为静贵妃。道光二十年（1840年），她被册封为皇贵妃，总摄后宫。道光帝驾崩后，皇四子奕詝即位，是为咸丰帝，由于博尔济吉特氏是他的养母，遂于咸丰五年（1855年）尊其为皇太后。几天后，皇太后去世，终年44岁。

琳贵妃乌雅氏比道光帝小40岁，父亲是笔帖式灵寿。初入宫时，乌雅氏被封为秀贵人，但不知何故，不久被降为秀常在。此后，乌雅氏更谨慎地侍奉道光帝，接着便有了丰富的生育经历。道光十九年（1839年），乌雅氏被晋为琳贵人，道光二十年（1840年）晋封琳嫔，这时她已经怀孕了。

[清] 佚名 《庄顺皇贵妃常服像》

这幅画像细腻地描绘了皇贵妃的日常形象，展现了其温婉、贤淑的气质。

文轩辟阁小峨迤
启籥新秋候已
旋两月闻夹乐
许初冬景色又
依然迎霜钤树抹
菓寄向晓黄华
渶渡鲜每自舒气
知道抄无传~雪
不迟~
初冬圆明园作

[清] 周鲲 《应钟协律图》

此图描绘的是圆明园帝后寝宫建筑群场景，有几位侍童正在宫殿前打扫。画作线条流畅，色彩淡雅。

管城春滿

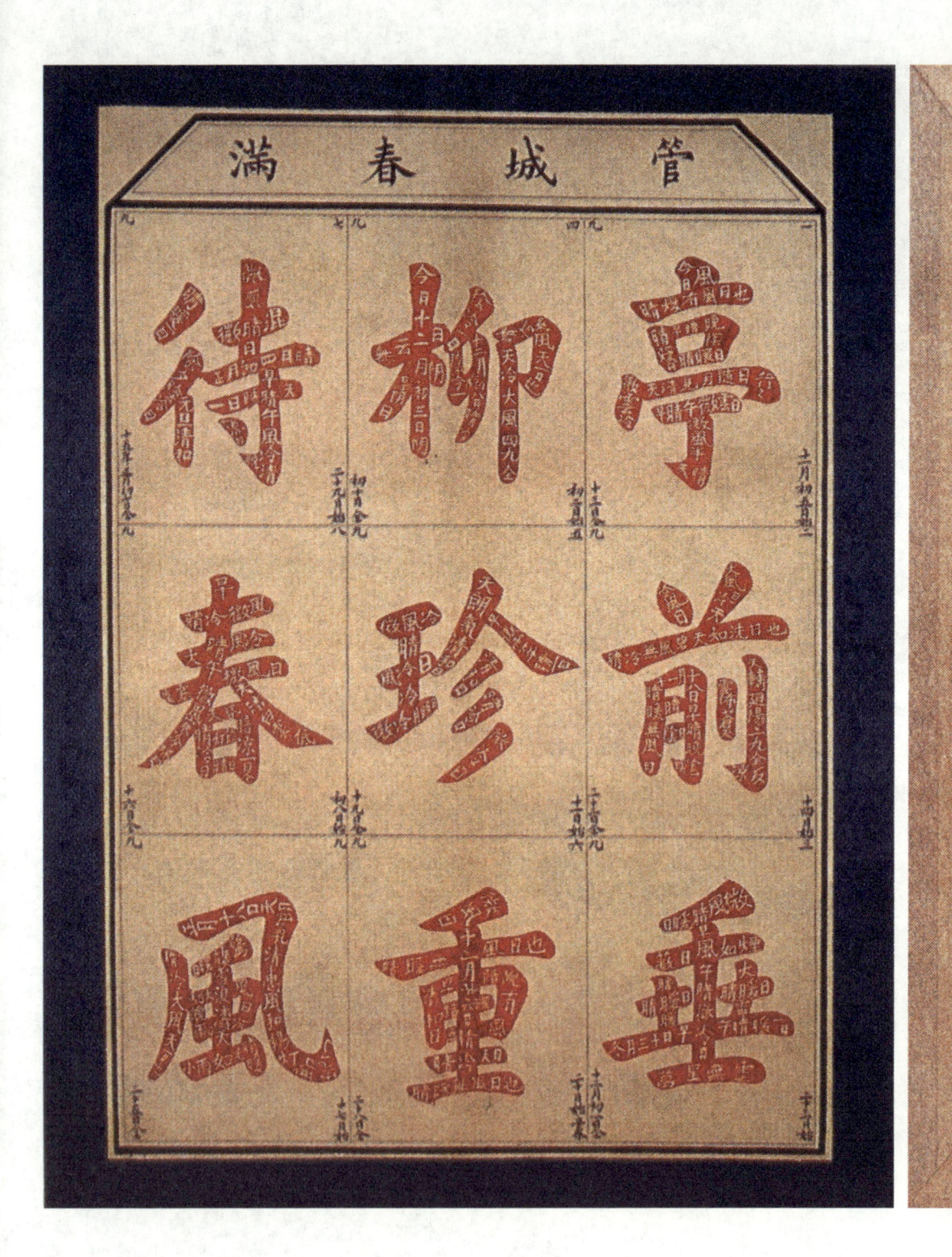

亭柳待

前珍春

垂重風

道光二十年九月，她生下皇七子奕譞，这年她仅19岁。同年，她被晋为琳妃。道光二十二年（1842年），她生下皇九女；道光二十四年（1844年），生皇八子奕詥；道光二十五年（1845年），生皇九子奕譓。

但是，乌雅氏并不长寿。同治五年（1866年），乌雅氏一病不起，十一月初七病逝，年仅45岁。

[清] 道光帝 《九九消寒图》

此图以九字绘就，每字九笔，共八十一笔，寓意寒尽春来。

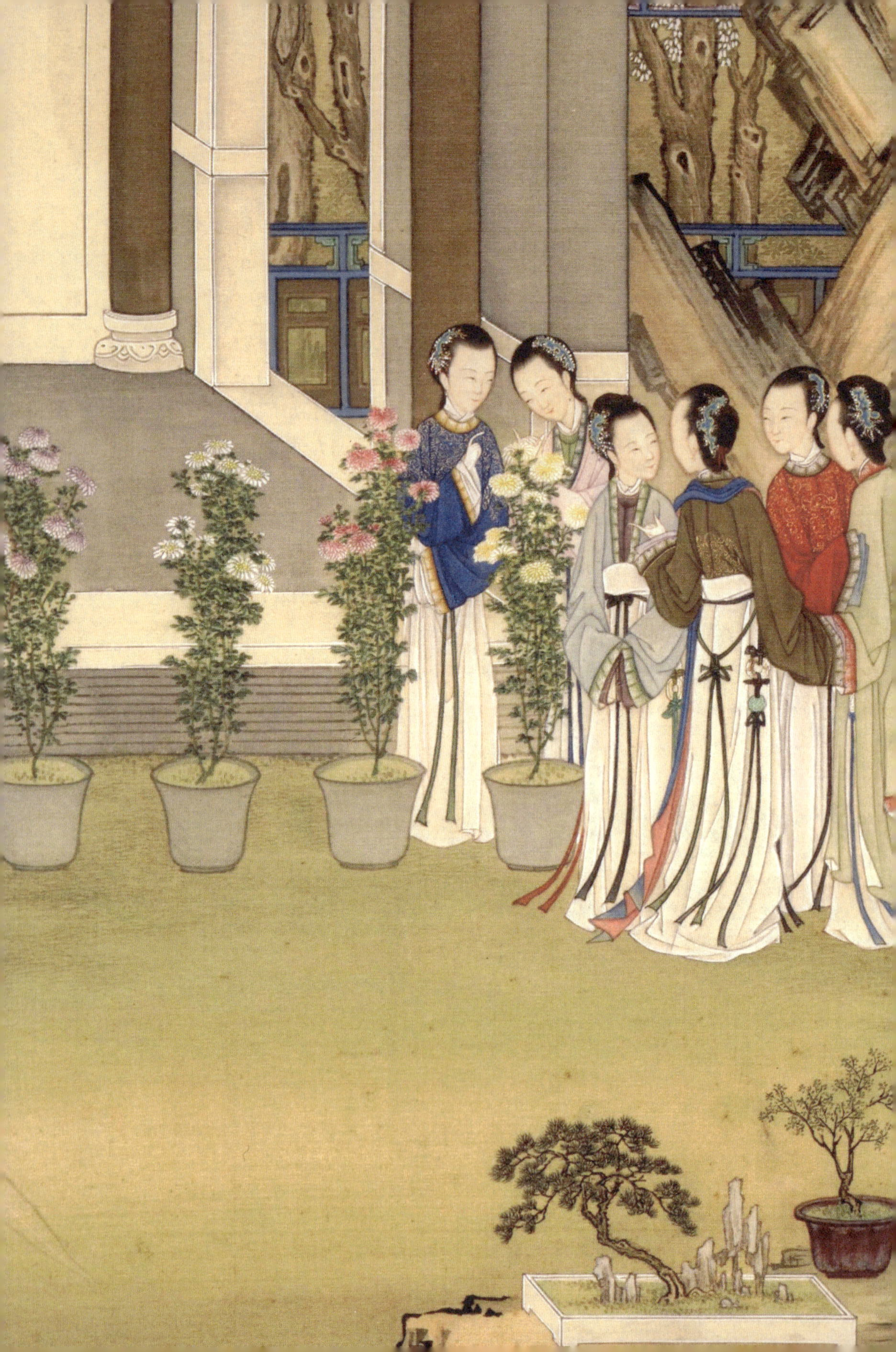

玖

咸丰帝后宫

咸丰帝的两位母后

咸丰帝一生坎坷，表现在很多方面。尤其是他有两位母后，表面上看是多了一份关爱，但实际上她们是否真的给他带去温暖了呢？

他的亲生母亲是皇后钮祜禄氏。钮祜禄氏小时候随其父颐龄到苏州府，在苏州长大。苏州之地物华天宝、人杰地灵，养成了钮祜禄氏机敏的性格。钮祜禄氏长得漂亮，苏州生活又使她添了几分灵气。她多才多艺，除了刺绣、诗书，还会用七巧板玩拼字游戏，而且玩得格外出色。入宫后，她把这个游戏带进宫廷。《清宫词》就曾这样记载：

蕙质兰心并世无，垂髫曾记住姑苏。
谱成'六合同春'字，绝胜璇玑织锦图。

所以，钮祜禄氏入宫后，得以平步青云，晋升很快。道光二年（1822年），她选秀入宫，封全嫔，年15岁；道光三年（1823年），晋封为全妃，年16岁；道光五年（1825年）四月十三日，册封为全贵妃，年18岁；道光十三年（1833年）八月十五日，晋封为皇贵妃，年26岁；道光十四年（1834年）十月十八日，册立为皇后，年27岁。

道光帝很宠爱钮祜禄氏，这对内向、保守的道光帝来说很是难得。钮祜禄氏生育了两个公主和一个皇子，皇子就是后来的咸丰帝奕詝。

但我认为，钮祜禄氏心术很重，对小奕詝的关心不太多。表现在一是对权势的追逐。后宫妃嫔众多，如何宠冠后宫，是她苦苦追逐的目标。道光

［清］ 佚名 《咸丰帝便装像》

此图描绘了身着便装的咸丰帝，展现了他平易近人的一面。画作笔触细腻，色彩柔和，将咸丰帝刻画得栩栩如生。

皇四子画

[清] 咸丰帝 《设色人物图》

此图是咸丰帝还是皇子时所绘。图中人物神态各异,表情生动,展现了咸丰帝深厚的绘画功底。

［清］ 佚名 《孝全成皇后璇宫春霭图轴》

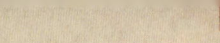

此图展现了孝全成皇后的典雅之姿，她手牵皇子，母子情深。画作笔触细腻，色彩柔和。

十三年（1833年），皇后佟佳氏去世，她的机会终于到来。就在这年的中秋节，她以皇贵妃的身份摄六宫事，第二年顺利入主中宫。二是努力把自己的儿子立为皇储。当时的皇储竞争很残酷，也很激烈，怎样才能达成呢？我推测，钮祜禄氏绞尽脑汁，最终为此丧了命。《清宫词》这样记载，"如意多因少小怜，蚁杯鸩毒兆当筵。温成贵宠伤盘水，天语亲褒有孝全"。说的是钮祜禄氏为了达到立儿子为皇储的目的，企图毒杀其他皇子，最终被皇太后赐死。这一年，钮祜禄氏33岁，皇四子奕詝10岁。

亲生母亲的突然离世给奕詝以沉重的打击。父皇把他交给静贵妃博尔济吉特氏抚育，静贵妃对奕詝很好，尽心尽力地抚养，视如己出。静贵妃所生的皇六子奕䜣只比奕詝小1岁。道光三十年（1850年），道光帝驾崩，奕詝即位。咸丰帝奕詝会怎样对待这位养母呢？

咸丰帝尊养母为皇贵太妃，只是例行公事地每天去她的寝宫问安。直到咸丰五年（1855年）七月初一，咸丰帝才在万不得已的情况下尊博尔济吉特氏为皇太后。8天后，皇太后崩。咸丰帝大大削减了皇太后的丧葬规制和规模：一是不给皇太后系宣宗谥，不称"成皇后"；二是不亲送梓宫，按理来说，皇太后大安，皇帝必须亲送梓宫到陵寝，可咸丰帝没有去；三是不给皇太后单独建陵。

咸丰帝的姐妹

咸丰帝有姐妹 10 人。

大姐端悯固伦公主,生于嘉庆十八年(1813 年)七月初三,母为继妃佟佳氏,即孝慎成皇后,嘉庆二十四年(1819 年)十月二十日殇,时年 7 岁,被追封为郡主。嘉庆二十五年(1820 年)九月,被追封为端悯固伦公主。道光七年(1827 年),入葬许家峪公主园寝。

二姐,生于道光五年(1825 年)正月十三日,母为祥妃钮祜禄氏。她只活了半年,同年七月十四日殇,死后葬入许家峪园寝。未取名,无封。

三姐端顺固伦公主,生于道光五年(1825 年)二月二十日,母为孝全成皇后,是奕詝的亲姐姐。道光十五年(1835 年)殇,年仅 11 岁,被追封为端顺固伦公主,入葬陈家门园寝。

四姐寿安固伦公主,生于道光六年(1826 年)四月初六,母为孝全成皇后,是奕詝的亲姐姐。道光二十一年(1841 年)被指配德穆楚克札布,不久被封为寿安固伦公主。咸丰十年(1860 年)闰三月初三病逝,年 35 岁,葬京师郊外园寝。

五姐寿臧和硕公主,生于道光九年(1829 年)十月十九日,母为祥妃钮祜禄氏。道光二十一年(1841 年)被封为寿臧和硕公主,第二年被指配恩崇。咸丰六年(1856 年)七月初九病逝,年 28 岁。

六姐寿恩固伦公主,生于道光十年(1830 年)十二月初七,母为孝静成皇后。道光二十四年(1844 年)二月被封为寿恩固伦公主,被指配景寿。咸丰九年(1859 年)四月十三日病逝,年 30 岁。

[清] 佚名 《道光帝行乐图轴》（局部）

图中绘的是寿安固伦公主与寿恩固伦公主在花园一角一起玩乐的场景。

　　七妹，生于道光二十年（1840年）七月初二，母为彤贵妃舒穆禄氏。道光二十四年（1844年）十二月二十日殇，时年5岁。无名，无封。

　　八妹寿禧和硕公主，生于道光二十一年（1841年）十一月二十六日，母为彤贵妃舒穆禄氏。咸丰五年（1855年）十一月被封为寿禧和硕公主，被指婚札拉丰阿。同治五年（1866年）八月初二病逝，年26岁。

　　九妹寿庄固伦公主，生于道光二十二年（1842年）二月十三日，母为庄顺皇贵妃乌雅氏。咸丰五年（1855年）十一月被封为寿庄和硕公主，被指配德徽。光绪七年（1881年）十月晋封为寿庄固伦公主，光绪十年（1884年）二月十四日去世，年43岁。

　　十妹，生于道光二十四年（1844年）三月十七日，母为彤贵妃舒穆禄氏。次年正月二十日殇，无名无封。

　　咸丰帝虽没有长寿的姐妹，但较之嘉庆帝的那些公主，成活率还是高了很多。其中，四姐、五姐、六姐、八妹、九妹都得以长大成人，出阁成婚。

[清] 玻璃翠坠角

　　此物呈滴珠形,用不透明的绿玻璃制作而成,宛如天然翡翠般迷人。绿玻璃上镶镀金点翠宝盖,顶镶珍珠,更显其色泽华美。

咸丰帝选秀女

清朝皇帝的后宫妃嫔主要来自秀女。选秀女每 3 年举行一次。清制，13～17 岁的八旗女子，都要按年度向户部呈报备案，过了 17 岁就算逾岁了。可是如果女子过了 20 岁，还未经验看，也不许嫁人，只有经过验看，未被相中，被撂牌子后，才可自由嫁人。

选秀女还有一个记名制度。经过初选而被记名的秀女还要复选一次，未复选前，不得私下自由聘嫁。秀女记名期为 5 年，记名期间，每月给以银两，三品以下官员之女记名，每月给银 1 两，如果复选落选，才可嫁人。如果记名过 5 年才退名，另外加赏银 20 两。记名秀女如果久不复选，过了 5 年，仍未得到关于其退出记名的明文，就只能终身不嫁了。

备选的秀女聚集于神武门内按年龄排班，由太监引进顺贞门内，进入御花园。引见时，每五六人为一排，皇帝选中，则留下牌子，否则就撂牌子。选看时，这些秀女立而不跪，不许乱动，不许直眼看皇帝，不许搔首弄姿，只能低眉顺眼。皇帝若停下来问话，秀女只可简答，不可多说。当选的秀女，或为皇帝妃嫔，或指配给亲王、郡王等。

据说，咸丰九年（1859 年）深冬的一天，一批应选秀女被引入内殿，咸丰帝将亲临阅视。其中，有一位少女由于家境贫寒，穿得很少，冻得直哆嗦。少女见咸丰帝半天不出来，心中很恼火，多次想出列，主持此事的内臣唯恐出事，便强行制止。秀女们议论纷纷，只听那位少女大声说："我听说古代就有无道的昏君，难道现今的皇上就是吗？"这时，咸丰帝就在围屏后面，少女的话他全听见了。咸丰帝很震惊，急忙走出来呵斥："是谁在此咆哮？"

[清] 咸丰帝 《立马图》

画中的马儿侧立，虽笔墨尚显稚嫩，但已显露出绘者不凡的艺术修养。此图既展现了奕詝对马的偏爱，又反映了清皇室对骑射文化的崇尚。

凤昔传闻思，一见牵来左右神、皆𬴊。雄姿逸态何崷崒，顾影骄嘶自矜宠。

节录杜少陵驄马行

丁未七月 皇四子书

岁次强圉协洽皋月

皇四子画

秀女们惊恐失色，无言以对，只有那位少女从容出列，在咸丰帝面前跪下道："是我。我们这些人被引来见皇上，皇上很久不出来，天气这么寒冷，我们禁不住啊。而且我冒死问皇上，朝廷办事，应有分寸。如今各地军事不断，军队中连军饷都发不出来，城中人吃穿困难，朝不保夕。可是皇上今日选妃，明日挑女，而不去挑选精兵良将，平定贼寇，难道是昏君吗？"

少女的这番话把咸丰帝问得面红耳赤，咸丰帝沉默不语，半响才说："你们这些秀女，不愿参与挑选的，现在可以走了。"那位少女当即叩头谢恩，然后站起来，招呼大家快走。众秀女早已吓丢了魂，两腿发颤，走不动了。直到发现咸丰帝早已走了，大家才跑了出去。这一年的选秀女，就此草草收场。

这件事震惊了朝野。咸丰帝为了挽回面子，将这位少女的父亲降一级调用，同时将该少女指配给宗室的某位王爷为小妾。这次秀女抗选事件，在《清宫词》中也有记载：

女伴三旗结队偕，绣襦锦袄映宫槐。

祸牙已命南征将，选秀仍闻撂绿牌。

[清]　咸福宫后殿同道堂明间咸丰帝御笔"襄赞壶仪"

这是咸丰帝留下的珍贵墨宝。此匾以墨笔楷书，字迹清晰流畅，笔力遒劲，彰显皇家气派。

咸丰帝的后妃

奕詝是道光二十六年（1846年）六月被秘密立为储君的。第二年，道光帝下旨，令太常寺少卿富泰之女萨克达氏进宫，封其为奕詝的嫡福晋。咸丰帝奕詝的后宫有妃嫔18人。

孝德显皇后萨克达氏，满洲镶黄旗人，于道光二十七年（1847年）被指为奕詝的嫡福晋，没有生育儿女。她于道光二十九年（1849年）十二月十二日逝世，十三日申时殓入金棺，十六日卯时行初祭礼，十八日辰时由吉安所移田村暂安处。道光三十年（1850年）正月咸丰帝即位，追封其为皇后，十月册谥其为孝德皇后。同治元年（1862年）九月，从田村将梓宫移往静安庄；同治四年（1865年）九月二十二日辰时，与咸丰帝合葬于定陵地宫。

孝贞显皇后钮祜禄氏，满洲镶黄旗人，广西右江道三等承恩公穆扬阿之女，生于道光十七年（1837年）七月十二日。咸丰二年（1852年）二月被封为贞嫔，五月被晋为贞贵妃，十月被册立为皇后。咸丰十一年（1861年）七月，咸丰帝驾崩，载淳即位，她被尊为母后皇太后，徽号"慈安"。不久，慈安太后与慈禧太后发动辛酉政变，开始垂帘听政。同治十二年（1873年），同治帝开始亲政。同治十三年（1874年），同治帝驾崩，慈安太后与慈禧太后立载湉为帝，再次垂帘听政。光绪七年（1881年）三月初十，慈安太后暴亡于钟粹宫，终年45岁，同年九月十七日，葬入普祥峪定东陵。

孝钦显皇后叶赫那拉氏，满洲镶黄旗人，生于道光十五年（1835年），死于光绪三十四年（1908年），其父惠征曾任安徽徽宁池太广道的道员。咸丰元年（1851年）大选秀女，叶赫那拉氏中选，咸丰二年（1852年）五月

[清] 佚名 《孝德显皇后朝服像》

这幅画像笔触细腻，色彩鲜艳。画中皇后身着华服，神态庄重，彰显着皇家气派。

[清] **孝德显皇后谥册**

此谥册雕刻精细，字迹清晰，记述了孝德显皇后一生的功德业绩及其庙号、谥号。谥册有10页，具有极高的历史和文化价值。

初九入宫，时年18岁，被封为兰贵人。咸丰六年（1856年）三月二十三日，生载淳于储秀宫，第二天便由懿嫔晋升为懿妃。咸丰帝病逝后，同治帝尊她为圣母皇太后，徽号"慈禧"。辛酉政变后，她和慈安太后开始垂帘听政。慈安太后暴亡后，慈禧太后大权独揽。光绪三十四年（1908年）十月二十一日，光绪帝驾崩。次日，即十月二十二日，慈禧太后因痢疾而亡，终年74岁。宣统元年（1909年）十月初四巳时，慈禧太后被葬入菩陀峪定东陵地宫。

庄静皇贵妃他他拉氏，主事庆海之女，生于道光十七年（1837年）。初入宫时她被封为丽贵人，咸丰四年（1854年）晋封为丽嫔，咸丰五年（1855年）五月初七，生皇长女荣安固伦公主，同年，晋封为丽妃。咸丰帝驾崩后，同治帝即位，她因"侍奉皇考有年，诞育大公主"被尊为皇考丽皇贵妃；同治十三年（1874年），被尊为皇考丽皇贵太妃；光绪十六年（1890年）十一月十五日病逝，终年54岁，谥庄静皇贵妃。光绪帝亲自到金棺前奠酒行礼，其金棺先后在吉安所和京西的田村暂安。光绪十九年（1893年）四月十八日葬

[清]　佚名　《孝贞显皇后朝服像》

画中的孝贞显皇后身着华美的朝服，神情庄重，气质高贵。朝服刻画得细致入微，笔触细腻。

[清] 佚名 《玟贵妃春贵人行乐图》

该画描绘了玟贵妃、春贵人等妃嫔在花园中游玩的场景，人物形象生动，个性鲜明。

入定陵妃园寝，其宝顶位于前排正中，位置至尊至贵。

端恪皇贵妃佟佳氏，满洲镶黄旗人，一等侍卫佟裕祥之女。咸丰八年（1858年）被封为祺嫔；同治帝即位后，尊其为皇考祺妃；同治十三年被尊为祺贵妃；宣统帝即位后，尊其为祺皇贵太妃；宣统二年（1910年）三月二十八日逝世，终年67岁，谥端恪皇贵妃；宣统三年（1911年）九月二十一日葬入定陵妃园寝，其墓穴位于庄静皇贵妃之右。

玟贵妃徐佳氏，正黄旗领催徐诚意之女，生于道光十八年（1838年）。咸丰三年（1853年），她被封为玟常在；咸丰四年（1854年）晋为玟贵人；咸丰五年（1855年）被降为玟常在；20多天后，被降为徐官女子；咸丰六年（1856年）又被封为玟常在；不久复晋为玟贵人；咸丰八年（1858年）生皇二子，但皇二子未及命名就夭折了，同年，她被封为玟嫔；同治帝即位后，尊其为玟妃；同治十三年被尊为玟贵妃；光绪十六年十一月初八病逝；光绪十九年四月十八日随同庄静皇贵妃入葬定陵妃园寝。

慈禧出生地之谜

近年来，慈禧出生地出现了多种版本。慈禧到底出生在哪里呢？

一说慈禧出生在山西长治。这种说法非常奇怪。山西长治市志办刘奇曾在《长治日报》发文《慈禧太后是长治人》，列举了诸多证据，说明慈禧出生在山西长治。更有趣的是，他说慈禧不是满洲人，而是汉族人。她出生在一个姓王的贫寒之家，名叫王小慊，4岁时因家境贫寒，母亲病逝，被卖给家境殷实的宋家，改名叫宋龄娥。不料她11岁那年，宋家遭难，她又被卖给了潞安知府惠征家做丫鬟，改姓叶赫那拉。

二说慈禧出生在安徽芜湖。这种说法很普遍。电影《火烧圆明园》中描述了慈禧刚进宫时，由于位份低，无法接近咸丰帝，便以一首南方小曲吸引了皇帝。由此，咸丰帝召幸了她，她怀孕生子。所以人们津津乐道，说慈禧出生在安徽芜湖。慈禧的父亲惠征在安徽做过官，如果慈禧出生在南方，熟悉南方小调也就理所当然了，故而歌喉婉转，动人心弦。

三说慈禧出生在内蒙古呼和浩特市。慈禧的父亲惠征确实是在道光二十九年（1849年）任职山西归绥道，其道台衙门设在归化城（今内蒙古呼和浩特市旧城）。让人感到离奇的是，今天在呼和浩特市还有"落凤街"，更有人绘声绘色地说出了慈禧当年的保姆是谁，像真的一样。

四说慈禧出生在浙江乍浦。1993年8月23日的《人民日报》报道了慈禧的出生地，说道光十五年（1835年）至道光十八年（1838年），慈禧的父亲惠征被外放到浙江乍浦任骁骑校尉。而慈禧恰恰出生在道光十五年。

五说慈禧出生在北京。这种说法首先考证了慈禧的母亲富察氏是满洲

［美］ **胡博·华士** **《慈禧画像》**

这幅画以精湛的技法和细腻的笔触生动地描绘了慈禧太后的风采。画中的慈禧太后身着华丽的服饰，神情庄重，目光深邃。

慈禧与其他人合影

这张照片由清末法国公使馆军官菲尔曼·拉里贝拍摄。照片里居中者为慈禧,右侧为光绪帝的瑾妃,左侧为光绪帝的隆裕皇后。后排是慈禧的两位女官——容龄和德龄,站在她们身旁的是她们的母亲。

人,她的父亲惠征长期在北京任职,由吏部笔帖式做起,到主事,到员外郎,到监督。道光二十九年,惠征被外放到山西归绥道任道员;咸丰二年(1852年),调任安徽徽宁池太广道任道员。不久,太平军攻克武汉,危及安徽,惠征带着粮饷、印信弃城脱逃。说来说去,这与慈禧有什么关系呢?专家进一步论证,在道光二十九年之前,惠征一直在北京任职,没有离开过北京,直到道光二十九年四月才被外放为四品道员。这样一来,依据档案记载,慈禧出生在北京是毫无疑问的。那么她究竟住在哪里呢?一份档案记载,慈禧的娘家在西四牌楼劈柴胡同。

这样看来,关于慈禧的出生地要做一个结论了。山西长治说靠不住,故事性很强,但是没有史料做支持;浙江乍浦说靠不住,慈禧的父亲没有任武职骁骑校尉的经历,一直是文职;内蒙古呼和浩特市的落凤街一说也靠不住;至于安徽芜湖说,则与慈禧出生的时间对不上,惠征在安徽任过职没错,不过那时慈禧已经入宫了。所以说来说去,慈禧还是出生在北京,具体地点是西四牌楼劈柴胡同。

也好风雅

清代帝王大多好风雅，喜欢书画。慈禧作为晚清的实际统治者，喜好书画，做些风雅之事，也在情理之中。慈禧之所以喜好书画，有以下三个原因：

一是兴趣。兴趣一般来讲是与生俱来的。慈禧出生于官宦之家，祖辈都是读书人，他们对书画都有一定的兴趣。所以慈禧作为深闺中的女子，也会仰慕这种风雅，爱好书画就是情理之中的事了。

二是排解寂寞。毫无疑问，慈禧作为独裁者，比之皇帝会更加寂寞，她27岁守寡，40岁丧子。如果是帝王，在听政之余回到寝宫，与自己喜爱的妃嫔和子女娱乐，是不会太寂寞的。可慈禧不同，每当下朝回到寝宫，寂寞就会包围着她。而这个时候，练练书法，画些花鸟画是再合适不过的消遣了。

三是工作需要。慈禧作为独裁者，是不加冕的帝王，她会像帝王一样对臣下有所赏赐。其中，赏给臣下字画就是一种工作需要。尤其是春节时，慈禧会把自己书写的"福"字和春联赏赐给大臣，大臣也会感到无比荣幸。

慈禧的风雅之作，大体分为两类：画作和书法作品。

画作。慈禧的画作很多，画牡丹、葡萄、梅花、菊花、松鹤、桃子、瓶插、虫鸟等。慈禧画作的内容以祥瑞为主，如"海屋添寿""灵仙祝寿""富贵寿考"等。这些画作的顶端会端端正正地盖上慈禧的大印——"慈禧皇太后之宝"或"慈禧皇太后御笔之宝"。

书法作品。慈禧的书法作品也很多，据《清宫遗闻》记载，光绪中叶以后，慈禧喜欢做擘窠大字，字体非常大，主要有"福""寿""龙""凤""美意"等字。她喜欢这些字，写好这些字后，将其赏给王公大臣。但这些字那么大，

[清] 慈禧太后 《鱼藻图》

画中鱼儿游动，水草摇曳，笔触细腻且色彩鲜艳。此画寓意富贵与繁荣，象征皇家昌盛。

［清］ 佚名 《孝钦后弈棋图轴》

图中，慈禧太后端坐下棋，沉静而专注。对面陪弈的男子正毕恭毕敬地持子侍立。

慈禧怎么能够完成呢？慈禧想了个办法，就是找人代笔。慈禧下旨从全国找女画家进宫服务，缪嘉蕙就应选进宫。

缪嘉蕙，字素筠，道光二十一年（1841年）出生于昆明一个书香世家。缪嘉蕙自幼习书画，由于训练有素，勤奋好学，才华过人，年轻时她便已在云南、四川一带小有名气。其作品笔墨清新，设色典雅，形神毕肖，尤以花鸟工笔画为佳；她也工小楷，字迹秀拔刚健，超凡脱俗。缪嘉蕙16岁时嫁给昆明人陈瑞，并随陈瑞到四川做官。可惜陈瑞在缪嘉蕙怀孕之际便去世了，缪嘉蕙回到昆明娘家生下孩子，靠卖画抚育幼子。后来云南爆发起义，为避战乱，缪嘉蕙迁往四川，投靠在四川西充做官的哥哥缪嘉玉。在四川，缪嘉蕙仍以卖画为生。光绪十五年（1889年），慈禧下诏各省选送女画家入宫，缪嘉蕙得以入选进宫。缪嘉蕙于49岁进宫，慈禧对其钟爱有加，经常和她一起研究探讨绘画技巧，缪嘉蕙也是极尽心力教授，慈禧大有长进。慈禧令其居储秀宫，除封其为御廷女官，年俸白银2800两，还免其跪拜大礼。后又升其为三品女官，追加白银1万两，并赐红翎一顶。缪嘉蕙日日勤奋绘画，除了教慈禧绘画，还代慈禧作画，以花鸟画为主，也画山水、人物及扇面等。缪嘉蕙在宫中待了19年，直到光绪三十四年（1908年）慈禧去世后才离开皇宫。1918年，缪嘉蕙在北京去世，享年78岁。

专家认为慈禧的书画水平并不高。尽管如此，我们从慈禧的画作和书法作品中，仍能看到慈禧性格的另一面，这是研究慈禧的宝贵实物资料。

光绪壬辰夏清和月御笔

老幹蒼松色偏蒼仙芝日久新
萬秋壽長猶若石邊水晝夜
無息不斷流
臣朱孟藩敬題

[清] 慈禧太后 《松寿花卉图》

画中以苍松与花卉为主题，展现了大自然的生机勃勃。这幅画用笔精细，色彩清新，寓意长寿与吉祥。

[清] 慈禧太后 《龙》

慈禧太后草书「龙」字,墨色饱满,行笔流畅,笔力劲健。

风流皇帝的四春娘娘

咸丰帝是有名的风流皇帝，他放荡不羁的事迹在当时就传遍皇宫内外。其中，最著名的莫过于"圆明园四春"了。

《湘绮楼诗文集》中有这样的记载。

> 时园中传有四春之宠，皆汉女，分居亭馆，所谓杏花春、武陵春、牡丹春、海棠春者也。

文中所记"四春"，历史上到底有无这些人？这成为清宫史界十分关注的问题。近年来，在中国第一历史档案馆的档案中，发现了这样一条史料："咸丰九年四月十一日，敬事房传旨：长春宫女子海棠春封为禧贵人，位在吉贵人之次。"另有档案明确记载，海棠春即禧妃。

禧妃为什么叫海棠春呢？史料阙载。咸丰帝不仅风流，还有深厚的文学功底，故而很有可能将他的妃嫔冠以有趣的名字。我们在档案中还发现了其他三位女子的名字，她们总与禧妃排在一起，而且出身都是官女子，即璷妃、吉妃、庆妃。看来，这就是传说中的"圆明园四春"。史料中记载的"四春"资料如下：

禧妃察哈拉氏，内务府厨役常顺之女。咸丰九年（1859年）被封为禧贵人；同治帝即位后，被尊封为皇考禧嫔；同治十三年（1874年）被尊封为禧妃；光绪三年（1877年）五月十六日去世；同年九月初八入葬定陵妃园寝。

璷妃那拉氏，满洲正白旗人，主事全如之女。咸丰五年（1855年）被封

春貴人　英嬪

[清]　佚名　《英嫔春贵人乘马图》

图中描绘了英嫔与春贵人戎装骑马的情景。二人头戴暖帽，身穿黄马褂，腰佩弯刀，安坐于马上，展现出皇家女子的英气。

为璷贵人；同治帝即位后，被尊封为皇考璷嫔；同治十三年被尊封为璷妃；光绪二十一年（1895年）四月二十一日去世；光绪二十三年（1897年）八月初十入葬定陵妃园寝。

吉妃王佳氏，园户王清远之女，正黄旗包衣。咸丰八年（1858年）被封为吉贵人；同治帝即位后，被尊封为皇考吉嫔；同治十三年被尊封为吉妃；光绪三十一年（1905年）十月十六日去世；光绪三十三年（1907年）九月初六入葬定陵妃园寝。

庆妃张佳氏，园丁张立寿之女。咸丰九年（1859年）被封为庆贵人；同治帝即位后，被尊封为皇考庆嫔；同治十三年被尊封为庆妃；光绪十一年（1885年）五月初三去世，不知何故，以嫔礼治丧安葬；光绪十四年（1888年）九月二十四日葬入定陵妃园寝。

[清]　咸丰帝　《谕后妃》贴落

此贴落是咸丰帝在宫中颁布的一份文告，以严谨而庄重的文字向后妃传达了皇帝的期望与要求，强调后妃应以勤俭为本，不得奢靡浮华，展现了咸丰帝对宫廷的严格管理和对后妃品德的高度重视。

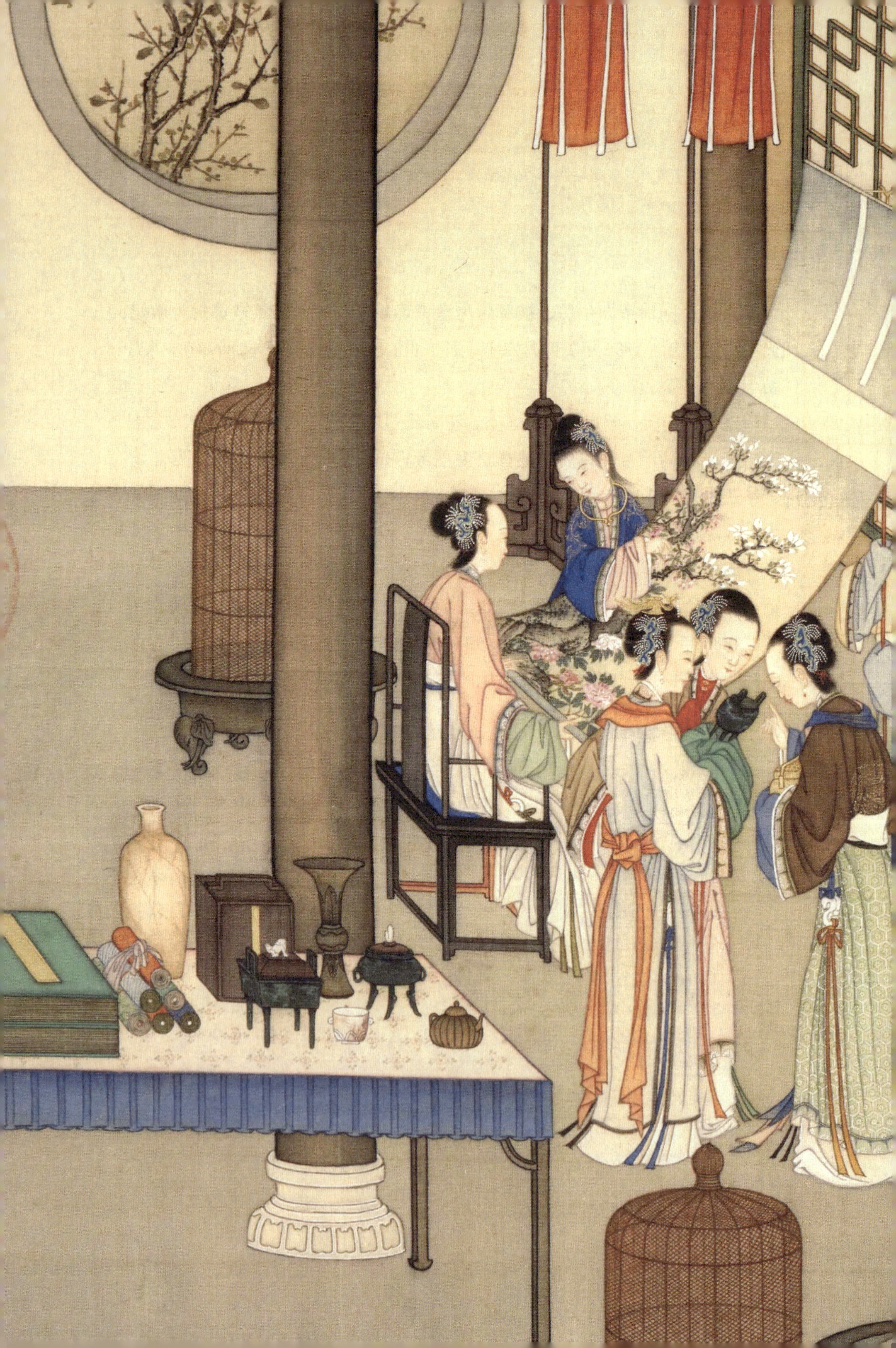

拾

同治帝后宫

同治帝的后妃

同治十一年（1872年）九月，同治帝17岁时，举行了大婚典礼，这是清廷少有的几次盛大婚礼之一。同治帝有5位后妃。

皇后阿鲁特氏，蒙古正蓝旗人，户部尚书崇绮之女。阿鲁特氏生于咸丰四年（1854年）七月初一，比同治帝大两岁。阿鲁特氏的父亲崇绮是同治三年（1864年）状元，大学士赛尚阿之子。崇绮曾家道中落，他发奋读书，学业颇有长进；他还研习书法，练成一笔好字，并擅长丹青，尤喜画雁。这些都对阿鲁特氏产生了巨大影响。

阿鲁特氏未出嫁时受其父教导，研习诗书，才华横溢。资料这样记载，幼时即淑静端慧，崇公每自课之，读书十行俱下。容德甚茂，一时满洲、蒙古各族，皆知选婚时必正位中宫。最厉害的是，她能用左手写大字，《清宫词》这样描述，"蕙质兰心秀并如，花钿回忆定情初。珣瑜颜色能倾国，负却宫中左手书"。意思是在同治帝后宫中，虽然有漂亮的珣、瑜二妃，但在才华上，谁也无法与能书善画的阿鲁特氏相比。

阿鲁特氏是同治帝和慈安看中的中宫皇后，但是不为慈禧所喜，婆媳之间多有矛盾。阿鲁特氏在宫中生活了将近3年，和同治帝感情深厚。据《十叶野闻》记载，皇后曾经怀有身孕，同治帝去世后，太后和恭亲王等议立嗣君，恭亲王主张先秘不发丧，等皇后生下孩子看看是男是女再说，是男孩自然立为嗣君，如果是女孩再另立，但慈禧坚决反对。不管怎样，就在同治帝去世几十天后，阿鲁特氏于光绪元年（1875年）二月二十日突然去世，终年22岁，

[清] 佚名 《孝哲毅皇后朝服像》

画中,孝哲毅皇后身穿朝服,头戴朝冠,气质高贵。朝服上绣有精美的龙凤图案,寓意吉祥。

被尊谥为"孝哲毅皇后"。光绪五年（1879年）三月二十六日，同治帝、孝哲毅皇后入葬惠陵地宫。

慧妃富察氏（1859—1904年），满洲镶黄旗人，员外郎凤秀之女。同治帝册立阿鲁特氏为皇后，同日册封富察氏为慧妃。此时，富察氏年仅14岁。同治十三年（1874年）十一月，晋封为皇贵妃。光绪帝即位，以慈安和慈禧之命，尊封其为敦宜皇贵妃。光绪二十年（1894年），再尊封其为敦宜荣庆皇贵妃。光绪三十年（1904年）二月二十八日病逝，终年46岁。光绪三十一年（1905年）九月入葬惠陵妃园寝，谥为"淑慎皇贵妃"。富察氏深得慈禧喜爱，但是因为慈安和同治帝喜爱阿鲁特氏，富察氏没能成为皇后。在宫中，富察氏由于有慈禧支持，晋升很快，超过其他妃嫔。富察氏去世后，王公大臣在策划园寝规制时，慈禧甚至因为她而破坏大清家法，为其设计了石五供等违制陈设，终因阻力太大而作罢。

珣嫔阿鲁特氏（1857—1921年），蒙古正蓝旗人，大学士赛尚阿侍妾所生，同治帝皇后的姑母，比皇后小3岁。同治十一年（1872年），姑母、侄女二人同时被选入宫，侄女被立为同治帝皇后，姑母却被册封为珣嫔。同治十三年十一月十五日，晋封为珣妃；光绪二十年，尊封为珣贵妃；光绪三十四年（1908年），光绪帝死后第四天，宣统帝尊封她为皇考珣皇贵妃，她移居到其侄女孝哲毅皇后生前居住的储秀宫；清朝灭亡后，1913年，溥仪尊封她为庄和皇贵妃。1921年4月14日病逝，终年65岁，同年入葬惠陵妃园寝，谥为"恭肃皇贵妃"。

瑜嫔赫舍里氏（1856—1932年），满洲正蓝旗人，知府崇龄之女。同治十一年，被册封为瑜嫔；同治十三年十一月，晋封为瑜妃；光绪二十年正月，尊封为瑜贵妃；光绪三十四年十月二十五日，宣统帝尊封她为皇考瑜皇贵妃；清朝灭亡后，溥仪尊封她为敬懿皇贵妃。1924年北京政变后，被逐出宫，迁入原荣寿固伦公主府。1932年2月5日病逝，终年77岁，谥为"献哲皇贵妃"，1935年2月11日葬入惠陵妃园寝。

瑨贵人西林觉罗氏（1856—1933年），满洲镶蓝旗人，主事罗霖之女。同治十一年，被册封为瑨贵人；同治十三年十一月，晋封为瑨嫔；光绪二十年，

[清] 镀金龙纽『珣皇贵妃之宝』

『珣皇贵妃之宝』采用镀金工艺，是龙纽方形印，印文是满文、汉文篆书。此宝是宣统初年所制。

[清] 石青缎小朝靴

同治帝登基时，足蹬石青缎小朝靴，靴面以石青色缎料制成，质地细腻。

239

尊封为瑨妃；光绪三十四年十月二十五日，宣统帝尊封其为瑨贵妃；1913年二月初五，溥仪尊封其为荣惠皇贵妃。1924年，迁入原荣寿固伦公主府。1933年5月18日病逝，终年78岁，谥为"敦惠皇贵妃"，1935年2月11日与献哲皇贵妃一同入葬惠陵妃园寝。

同治帝的这些后妃地位越高，寿命越短。皇后终年22岁，慧妃46岁，珣嫔65岁，瑜嫔77岁，瑨贵人78岁。

婆媳失和

民间经常会有婆媳失和的事情发生，而皇家后宫也存在这样的情况。同治朝的婆媳失和非常明显。为什么会这样？因为同治帝有一个厉害的妈。让我们来看看，这对婆媳之间到底发生了什么？

一、不祥的身世。同治帝的皇后阿鲁特氏的父亲崇绮为户部尚书，她出自名门。阿鲁特氏还有一个特殊的身份，那就是她是郑亲王端华的外孙女。这可就非同小可了，因为端华是慈禧的死敌。当年咸丰帝去世，临终托孤的八大臣里面，端华位居第二，与慈禧有着切齿仇恨。辛酉政变后，慈禧下旨处死了端华。可命运开了个玩笑，多年后，端华的外孙女阿鲁特氏竟然进宫成了慈禧的儿媳妇。

二、不好的开端。同治帝与阿鲁特氏的婚姻开头就不好。慈禧对同治帝要选阿鲁特氏当皇后很不满意，但慈安的地位高于慈禧，所以这件事还要先听听慈安的意见。让慈禧大失所望的是，慈安非常喜欢阿鲁特氏。说来说去，就慈禧一个人不满意。但慈禧是皇帝的妈，她不满意，那还好得了吗？

三、不驯服的性格。据说，这对婆媳失和的一个重要原因是阿鲁特氏不驯服的性格。举个例子，慈禧喜欢看戏，尤其喜欢看荒诞戏，慈禧看戏时，同治帝的后妃们陪着看。阿鲁特氏不止一次陪慈禧看戏。久而久之，阿鲁特氏发现慈禧看的戏很荒谬，便产生了抵触情绪。但她又不敢违逆，便把头扭过去，不看也不附和。慈禧知道后，对皇后产生厌恶心理，总想找机会处罚她。

四、不争气的丈夫。慈禧与阿鲁特氏婆媳失和，要想缓和关系，只有同治帝居中调和才行，这就看他的水平了。可同治帝能够调和好吗？答案是否定的。慈禧对阿鲁特氏非常反感，不让同治帝去阿鲁特氏那里过夜，阿鲁特氏也没有办法。同治帝不但不劝解母后，反而去得更多，这就让慈禧更为恼怒了。她不想把气撒在儿子身上，就把气全部撒在了儿媳身上。同治帝越是宠爱皇后，慈禧的怨气就越大。同治帝根本没有能力处理婆媳矛盾，只能激化矛盾。

　　慈禧与阿鲁特氏之间的矛盾是由多种因素造成的。这本来是一般的婆媳矛盾，应该不会激化成大的事端，可是同治十三年（1874年），同治帝病逝前后，两个关键人物居然把阿鲁特氏送进了死胡同。

　　一个是同治帝的老师李鸿藻。在同治帝临终之际，同治帝叫来最信任的老师李鸿藻，向他口授遗诏，安排继承人。同治帝就此事征求皇后的意见，两个人心有灵犀。李鸿藻应该严守秘密，毕竟他知道怎么做对阿鲁特氏有利，可他为了自身安全，出卖了同治帝和阿鲁特氏。慈禧大怒，同治帝的计划也随之破产。

　　另一个是阿鲁特氏的亲生父亲崇绮。这个时候，女儿的处境他应该最清楚，也最担忧。但据说在这个关键时刻，崇绮写了一个"死"字给女儿，走投无路的阿鲁特氏只能自杀身亡。

［清］　沈蓉圃　《同光十三绝图》
　　这是一幅工笔写生戏画像，展现了清代同治、光绪年间13位著名的京剧演员。画中的人物形态自然，各具表情，衣帽、须眉真实生动。

［清］ 金镶珠石慈禧发塔

　　金镶珠石慈禧发塔是九五成色金制，镶嵌宝石，设计精巧。塔内藏有慈禧太后遗发，是宣统帝为表孝道而制。

没有生育的真相

择立储君对皇帝来说很重要，而储君来自皇帝所生之子。皇帝定期选秀女，就是为了多生皇子以备选择。我们看看清朝皇帝都生了多少子女：努尔哈赤生育24个子女，其中皇子16人；皇太极生育25个子女，其中皇子11人；顺治帝生育14个子女，其中皇子8人；康熙帝生育55个子女，其中皇子35人；雍正帝生育14个子女，其中皇子10人；乾隆帝生育27个子女，其中皇子17人；嘉庆帝生育14个子女，其中皇子5人；道光帝生育19个子女，其中皇子9人；咸丰帝生育3个子女，其中皇子2人。之后的清朝皇帝就再也没生育过孩子。说起来，这是从同治帝开始的。那么，他究竟为什么没生孩子呢？

先看看同治帝的婚姻状况。同治十一年（1872年）九月十五日，同治帝大婚，这一年他17岁。同治帝的后宫有皇后阿鲁特氏，19岁；慧妃富察氏，14岁；珣嫔阿鲁特氏，16岁；瑜嫔赫舍里氏，17岁；瑨贵人西林觉罗氏，17岁。按理说，这个年龄的后妃们，正是生育的最佳时期，可实际上，她们却没有生育，原因何在？

一是皇帝不懂事。同治帝真是一个长不大的孩子，他贪玩，去酒肆划拳，去琉璃厂玩，去妓院玩。据说，有一次他还碰到了大臣毛昶熙，弄得毛昶熙很尴尬，不得不迅速逃离，还调来了兵丁暗中保护皇帝，同治帝极为恼火，责怪毛昶熙多事。还有史料说同治帝喜欢穿黑色衣服，微服去八大胡同。更有传闻说，同治帝后来不幸感染了梅毒。

二是后妃之间矛盾多。同治帝的后妃之间一开始就有矛盾，她们各有靠

[清] "上慈安皇太后徽号"玉册

此玉册以优质玉石精心雕琢而成，册文镌刻工整，字迹清晰。玉册体现了同治帝对慈安皇太后的尊崇。

[清] 荣惠皇贵妃印玺

印玺以檀香木精雕而成，印纽为双云龙纹，印面篆书"荣惠皇贵妃御笔之宝"。

[清] 杏黄绸氅衣

杏黄绸氅衣以杏黄色绸缎精心织就，款式典雅大方，既彰显了后妃的尊贵身份，又体现了同治时期的宫廷风尚。

山，互不相让：皇后有慈安支持，慧妃有慈禧支持。这让并不成熟的同治帝难以应付。同治帝一想到这些头都大了，不知道应该去哪里，似乎去哪里都有错，干脆自己独住，哪里也不去，这些妙龄的妃嫔只好独守空房。

三是两宫太后互不相让。慈安喜欢皇后，慈禧喜欢慧妃，这就埋下了矛盾的祸根。而且慈禧竟然在同治十三年（1874年）十一月晋封慧妃为皇贵妃，给皇后以极大的心理压力。

不过也有人说，中宫皇后阿鲁特氏在同治帝去世之前已经怀孕，同治帝驾崩后，有人建议秘不发丧，等皇后生下孩子，看看是男是女再说，但慈禧坚决不同意。

皇后尸体不烂之谜

1945年，惠陵被盗掘。人们发现，同治帝的尸体早就腐烂了，只剩下遗骨，而同治帝皇后阿鲁特氏的尸体却保存完好。

同在一个地宫之中，都在同一年去世，为什么皇帝的尸体腐烂了，而皇后的没有腐烂呢？我们查阅了大量史料，原因如下：

一是阿鲁特氏的肠胃里面没有东西。这一点很关键。从目前发掘的尸体实物来看，无论是长沙马王堆汉墓的辛追夫人，还是安徽出土的砀山女尸，之所以没有腐烂，是因为她们的肠胃里面没有东西。那么阿鲁特氏为什么会空腹下葬呢？

同治帝去世后，慈禧做出了有违祖制的决定——让醇亲王之子载湉继承皇位。慈禧这样做出于以下三点考虑：第一，载湉年仅4岁，年龄小，便于控制；第二，载湉和同治帝平辈，慈禧可以继续做太后，如果在"溥"字辈中选择继承人，慈禧就成太皇太后了，不能再临朝称制了；第三，载湉是慈禧亲妹妹的儿子，和她亲上加亲，更加便于控制。可慈禧这么做，就把阿鲁特氏置于十分难堪的境地。因为载湉是阿鲁特氏的小叔子，叔嫂怎么相处呢？而且阿鲁特氏做不了太后，又怎么能抓住权力呢？

所以阿鲁特氏在同治帝去世之后，不仅没有了靠山，还要处处受制于慈禧，处境极为艰难。同治帝去世后70多天，阿鲁特氏便突然崩逝。她究竟是怎么死的呢？大体有两种说法：一是绝食身亡，《李鸿藻年谱》和《清列朝后妃传稿》等都持此观点；二是吞金而亡，所以盗墓事件发生时，那些盗匪居然将她开膛破肚，从她的肠子里面找那块金子。

[清] 玻璃花簪

　　这支簪子的花朵由玻璃制成，展现了同治时期的宫廷审美。花簪设计精巧，花朵栩栩如生，色彩鲜艳且富有光泽。

[清] 紫地粉彩花鸟盒

同治年间的紫地粉彩花鸟盒以紫色为底色,用粉彩点缀的花朵竞相绽放,盒体精致典雅。

二是阿鲁特氏的棺材里面有大量玉器。古人认为"握玉防腐"。阿鲁特氏的棺材中是否有玉器呢？清宫档案《宫中杂件·敬事房来文》记载了阿鲁特氏棺材中有大量玉器，如玉戒指、玉镯子、玉圈、玉钳子等。这些玉器摆放在阿鲁特氏的尸体周围，恒定着棺材内的温度，对尸体起到了一定的防腐作用。

此外，两层的棺椁构造，隔离了氧气，也对尸体的防腐起到了直接作用。

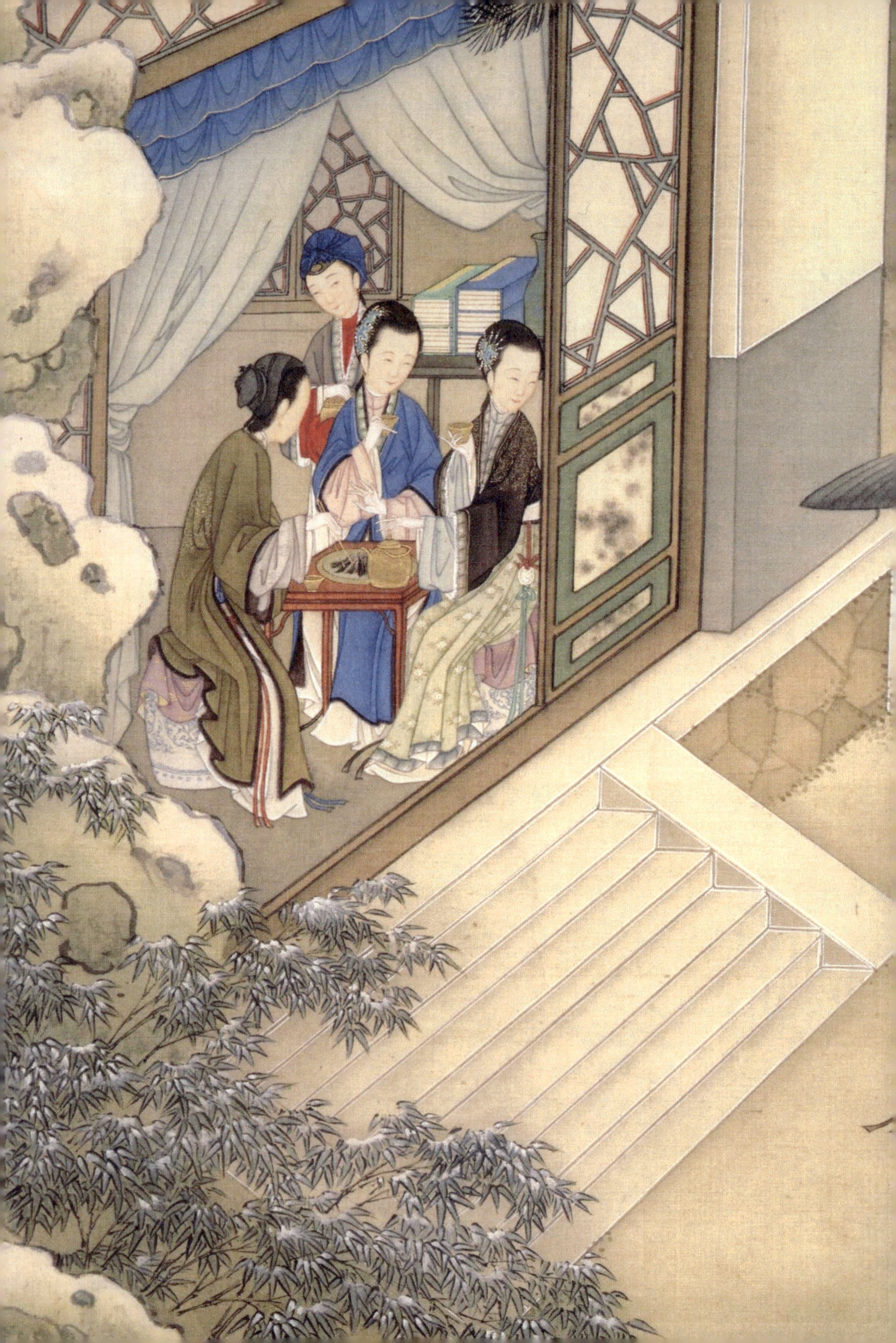

拾壹

光绪帝后宫

光绪帝的姨妈

光绪帝的姨妈就是慈禧。

光绪帝4岁入宫,离开了自己的亲生母亲,在慈禧的监护下成长,他与慈禧的关系极为密切。那么,他与慈禧的感情如何呢?

光绪帝很怕慈禧。慈禧的控制欲非常强,光绪帝的饮食、起居、大婚、政务等,方方面面都要受其控制,光绪帝基本不敢自作主张。然而慈禧认为自己这么做是对光绪帝的照顾。瞿鸿禨在《圣德纪略》中记载,"皇帝抱入宫时才四岁,气体不充实,脐间常流湿不干,我每日亲与涤拭。昼间常卧我寝榻上,时其寒暖,加减衣衿,节其饮食。皇帝自在邸时,即胆怯畏闻声震,我皆亲护持之。我日书方纸,课皇帝识字,口授读'四书'《诗经》。我爱怜惟恐不至,尚安有他?"

光绪帝讨厌慈禧的做法。慈禧为了达到控制光绪帝的目的,想方设法从精神上压制他。比如,据《瀛台泣血记》描述,慈禧要求宫里的太监和宫女教导光绪帝称呼她为"亲爸爸"。

所以,光绪帝对慈禧的感情很复杂。

一是感激。光绪帝感激慈禧在同治帝驾崩后,把他带进宫里,做了清朝入关之后的第九位帝王。否则,他作为亲王之子,是无论如何也没有机会做皇帝的。

二是惧怕。光绪帝胆子小,慈禧也这么说过。光绪帝入宫以后,离开了父母,胆子就更小了。而慈禧严厉的态度,使他看见慈禧就怕。

三是憎恨。慈禧对光绪帝事事干预,尤其是她处死了光绪帝宠爱的珍妃,

[美] 凯瑟琳·卡尔 《慈禧太后便服像》

图中,慈禧眼神深邃,不怒而威。她的服饰华丽,彰显出其尊贵的地位。

[清] 慈禧皇太后之宝

此宝玺以檀香木精雕而成，交龙纽，彰显了慈禧皇太后在宫廷中的至高地位。

[清] 淡黄地粉彩海水江崖桃蝠纹花口花盆

花盆折沿、深腹、圈足，底部开有两个渗水圆孔，外壁淡黄釉地饰粉彩，整体造型优美，极富艺术价值。该花盆应是光绪年间景德镇御窑厂为光绪十年（1884年）慈禧太后五十寿辰庆典而专门烧造的祝寿用瓷。

［清］ 光绪帝御袍

　　御袍用料讲究，绣有精美、吉祥的图案，彰显出皇帝的威严和尊贵。

使光绪帝悲痛欲绝。变法失败后，慈禧又立了大阿哥，随时准备把光绪帝废掉，这令光绪帝更加没有了安全感。

四是无奈。变法失败，光绪帝被囚禁瀛台，之后又与慈禧一起临朝，成了慈禧训政的陪衬。有时他也想发表意见，但总不能实现自己的意愿。光绪帝一次次地失望，心里备感无奈。

总结一下光绪帝和慈禧。光绪帝4岁入宫做了皇帝，这一年，慈禧41岁。从此，光绪帝与慈禧结下了不解之缘。光绪帝在宫中由一个不懂事的幼儿长成一位有志青年，这里面有慈禧的心血，也有朝臣的努力引导，更有其自身的努力。

光绪帝的皇后

光绪帝的皇后是慈禧弟弟桂祥的女儿,名字叫静芬。桂祥生育了五个孩子,其中两个儿子、三个女儿,静芬是他的次女。

光绪十五年(1889年)正月二十七日,光绪帝大婚,静芬成了光绪帝的皇后。

静芬被选立为皇后,其实是政治上的刻意安排,因为光绪帝并不喜欢她。细细考证,光绪帝之所以不喜欢静芬,原因如下:

一是静芬不漂亮。我们从清宫遗留的照片来看,静芬确实不漂亮。长长的脸,刀削一般,爱美的光绪帝怎么能看上她呢?

二是光绪帝的反感。因为是慈禧的安排,所以光绪帝对静芬很反感。慈禧的这种做法无非想利用自己的侄女来监视、控制光绪帝,从而达到掌控权力的目的。这就引发了光绪帝极大的反感。

三是静芬比光绪帝大。静芬比光绪帝大3岁,是光绪帝的表姐,这令光绪帝不太舒服。

四是光绪帝不喜欢静芬的为人。静芬身为皇后,对两件事比较热衷:一是权力,二是嫉妒。这令光绪帝很反感。有人说,静芬很嫉妒珍妃,"频频短之于慈禧",导致慈禧对珍妃抱有成见。

为了让静芬顺利入宫,慈禧想尽了办法。据黄濬《花随人圣庵摭忆》记载,静芬参选了秀女,最后一次选后是在体和殿进行的,入选的秀女们依次排立,静芬站在第一位,次为江西巡抚德馨的两个漂亮女儿,最后是户部右侍郎长叙的两个女儿。光绪帝一眼就看上了德馨的女儿,但是"太后大声曰

［清］ 佚名 《孝定景皇后朝服像》

图中，孝定景皇后身着华美的朝服，端坐在宝座上，神情威严。

'皇帝'，并以口暗示其首列者（慈禧侄女）。德宗愕然，既乃悟其意，不得已乃将如意授其侄女焉"。于是，慈禧太后下懿旨立静芬为皇后。

静芬与光绪帝的大婚并不顺利。大婚前夕，光绪十四年（1888年）十二月十五日，紫禁城突起大火，烧毁了太和殿前的太和门。太和门在大婚礼仪中很重要，所以有人认为这是不祥之兆。翁同龢在日记中记载："此灾奇也，惊心动魄，奈何奈何！"怎么办呢？重新修建来不及了。慈禧决定做彩棚，做成与太和门一模一样的彩棚，最终搭起了一座足以以假乱真的"太和门"。大婚典礼于光绪十五年正月二十七日如期举行。

大婚后，光绪帝与静芬的关系日趋紧张，尤其是珍妃事件之后，夫妻俩的感情更加不睦。因此，静芬虽然与光绪帝做了近20年夫妻，却没有生育。在宫里，她经常陪伴在慈禧身边，陪慈禧游玩赏景。

戊戌政变后，光绪帝被囚禁在瀛台，孤苦无依。有史料记载，这个时候，静芬表现出很贤惠的样子，多次前往瀛台陪伴光绪帝，向光绪帝问安。这倒使光绪帝感受到了一丝慰藉。光绪二十六年（1900年），由于八国联军的入侵，慈禧带光绪帝、皇后等出京西逃。在这艰难时期，光绪帝与静芬之间的关系有所缓和。

光绪帝去世后，静芬成为皇太后，即隆裕太后，但她没有姑姑慈禧的政治韬略，加之形势的发展，人们渴望共和，清王朝摇摇欲坠。在内外交困的形势下，1912年2月12日，隆裕太后颁布了清朝最后一道诏书——《退位诏书》。清王朝灭亡了。

清王朝灭亡后，隆裕太后长期忧郁，以致积郁成疾。至1913年，她的病情已经很严重了。就在她弥留之际，她对守候在旁边的溥仪说："吾别汝之期至矣，沟渎道途，听汝自为而已。"1913年2月22日，隆裕太后在长春宫太极殿病逝，终年46岁，上谥曰孝定隆裕宽惠慎哲协天保圣景皇后。

隆裕太后去世后，民国政府在太和殿为她举办了隆重的悼念仪式，称其为"女中尧舜"。1913年12月13日，孝定景皇后与光绪帝的梓宫一起入葬崇陵地宫。光绪帝梓宫在棺床正中，孝定景皇后梓宫陪葬在其东侧。至此，不管两位生前感情如何，终于合葬在同一地宫之中，永相厮守。

[清] 庆宽等 《大婚图》（局部）

此图册细致地展现了光绪帝大婚时的盛大场面。画中人物栩栩如生，礼仪庄重繁复，尽显皇家气派。

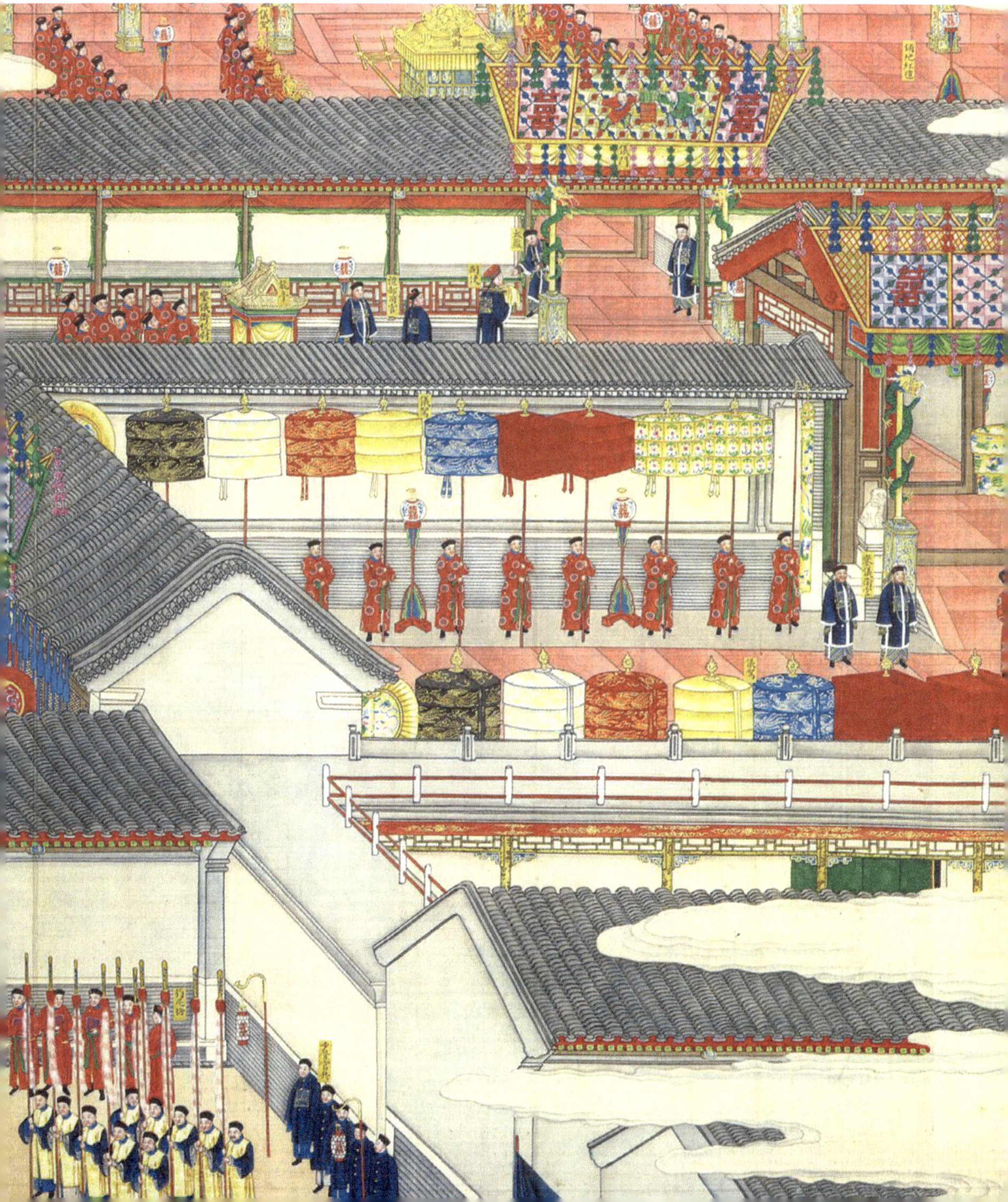

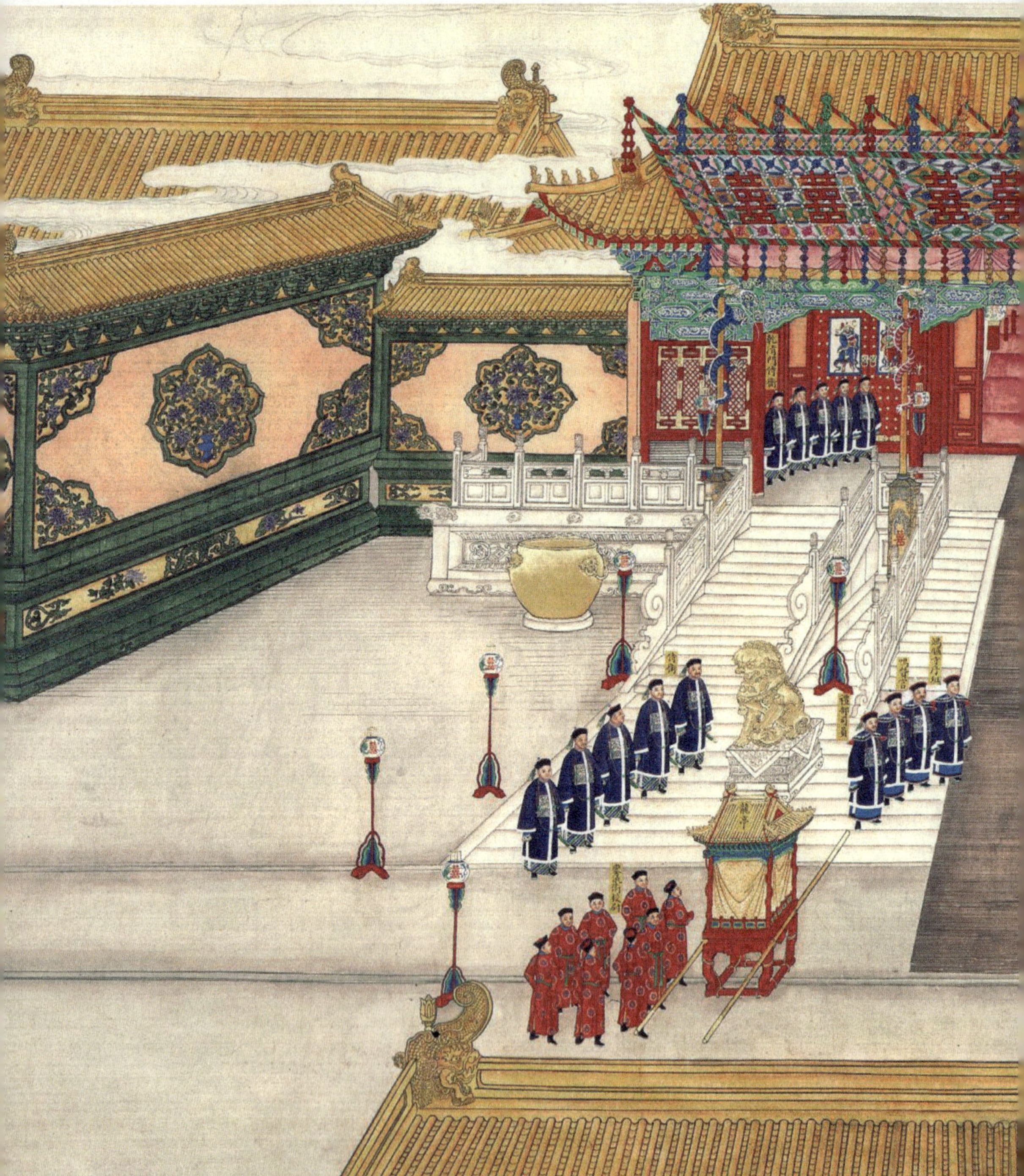

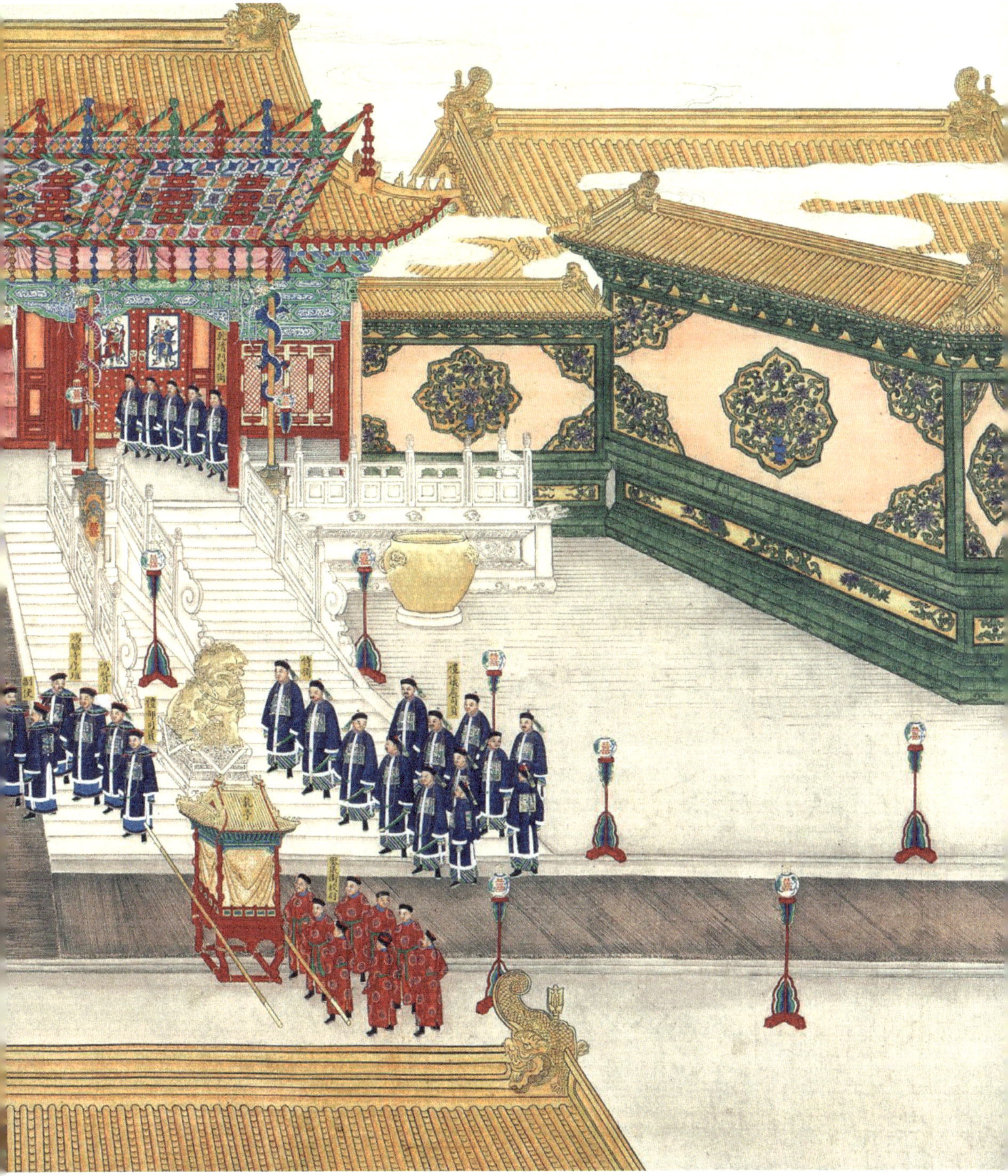

[清] 大红色绸绣八团龙凤双喜棉袍

此袍为光绪帝大婚时皇后所穿，袍身遍布吉祥纹样，寓意夫妻和谐，幸福长寿。

光绪帝的妃子

光绪帝有两个妃子：瑾妃和珍妃。这两个妃子是同父异母的亲姐妹，他他拉氏。她们的父亲为户部右侍郎长叙，在家中瑾妃排行第四，珍妃排行第五。

瑾妃（1874—1924年），光绪十四年（1888年）和妹妹珍妃同时入选，成为光绪帝的妃嫔。姐妹俩分别以瑾嫔和珍嫔的身份入宫。入宫后，瑾嫔住在东六宫之一的永和宫，珍嫔住在东六宫之一的景仁宫。

瑾嫔不如珍嫔美貌，性格又相对内敛，因而光绪帝并不喜爱她。光绪二十年（1894年），因慈禧太后六十大寿，瑾嫔和珍嫔同时被晋封为瑾妃和珍妃。

可是还没有来得及举行册封礼，珍妃因事遭到惩处，姐姐瑾妃也受到牵连，不仅没有得到册封，反而被降格，两人一同被降为贵人。第二年，两人又同时恢复妃子的位份。

光绪二十六年（1900年）七月，八国联军攻入京师，慈禧太后携光绪帝和宫眷逃离紫禁城，瑾妃随同出逃。

光绪帝驾崩后，溥仪即位，瑾妃被尊为兼祧皇考瑾贵妃。宣统帝逊位后，为其上徽号为端康皇贵太妃。

隆裕太后去世后，端康皇贵太妃在四大太妃中最年轻，地位也尊贵，因而她脾气大长，有时会干预溥仪的生活。比如，溥仪的生母醇亲王妃瓜尔佳氏就是因受到端康皇贵太妃的训斥，一气之下吞鸦片烟自尽。1922年，在溥仪议婚时，端康皇贵太妃支持受过西方教育的婉容为皇后。

端康皇贵太妃有两大爱好。一是喜好丹青。她绘画功底深厚，曾经在扇子上作山水画，画工精深。二是爱好美食。她经常派人到京城附近的天福号买酱肘子供她作早餐。由于她喜爱美食，永和宫小膳房厨师的烹饪技术相当出色。

1924年中秋节后，端康皇贵太妃一病不起，病逝于永和宫，终年51岁。溥仪给她上谥"温靖皇贵妃"，葬于崇陵妃园寝。

珍妃（1876—1900年），与姐姐瑾妃一起进宫，一同受封。珍妃长相俊美，深受光绪帝宠爱。珍妃和瑾妃的性格迥然不同。

一是珍妃性格开朗、活泼。她喜欢新鲜事物，如喜欢玩相机，还给光绪帝照相，这是性格内向的瑾妃很难做到的。

二是珍妃胆子大。珍妃仰仗皇帝的宠爱，胆子大得很。比如，她喜欢女扮男装，还敢穿光绪帝的龙袍。再如，她敢破坏宫中规矩，违制乘坐八抬大轿。这是胆小的瑾妃不敢做的事情。

三是干预朝政。珍妃作为后宫妃嫔，按理是不能干预朝政的。可珍妃思想活跃，坚决支持光绪帝维新变法，也因此激怒了保守的慈禧。另外，珍妃还干了一件非常愚蠢的事情，那就是卖官鬻爵。胡思敬在《国闻备乘》中记载，"鲁伯阳进四万金于珍妃，珍妃言于德宗，遂简放上海道"。

最重要的是，珍妃得罪了慈禧。珍妃的过度表现让皇后感到不安，也让慈禧很不满意。所以，慈禧抓住把柄，对珍妃进行了重重的处罚：

一、降级。本来因为太后六十大寿而被晋封为珍妃，却因此被降为贵人。光绪帝被迫下旨降瑾妃、珍妃为贵人。

二、遭到廷杖。廷杖是很严厉的宫廷刑罚，一般不会用来惩罚后妃。可是史料表明，珍妃遭到了慈禧最严厉的刑罚：褫衣廷杖。一位受皇帝宠爱的妃子，被当众扒掉衣服打，在清代极为罕见。

三、精神折磨。为了彻底打压珍妃，慈禧想了个办法——挂禁牌。其实，宫中挂禁牌并不罕见，早在顺治年间，宫中就挂过禁止太监干政的禁牌，但那是对下人的。慈禧为了惩处珍妃，特命挂禁牌，而且是两块禁牌。一块是警告珍妃"改过自新"的禁牌，一块是授予皇后"惩治妃嫔"权力的禁牌。这两块禁牌高挂于内廷之中，给珍妃以极大的精神打击。

珍妃

珍妃是光绪帝的宠妃。光绪二十六年,慈禧命太监将她推入井中淹死,年仅25岁。

瑾妃

瑾妃是光绪帝的妃子,性格沉稳。瑾妃品味高雅,喜丹青书法。

[清] 瑾妃 《云中九桃图》

这是瑾妃的佳作。画中桃枝自云中垂下，枝上九桃累垂，画面色彩鲜艳、雅致，布局极具匠心。

四、遭到囚禁。戊戌变法失败后，珍妃被幽闭于北三所，从此与光绪帝隔绝，不能见面。在这里，正门被牢牢关上，贴上内务府的封条，珍妃住在北房三间最西头的一间，屋门从外面倒锁着，吃饭、洗脸等均由下人从一扇窗中端进递出。珍妃所食为下人的饭。逢年过节，看守她的一位老太监就代表慈禧对她进行训斥。珍妃从此失去了人身自由。

光绪二十六年七月二十日，慈禧带着光绪帝及宫眷西逃之前，命太监崔玉贵将珍妃推入井中淹死。年仅 25 岁的珍妃就这样香消玉殒。

珍妃死后不到 1 年，光绪二十七年（1901 年）七月初四，便被安葬在恩济庄的宫女墓地。这年的十一月二十九日，慈禧以"贞烈殉节"的名义追封珍妃为贵妃。

1913 年，瑾妃（时为兼祧皇考瑾贵妃）将珍妃迁葬于崇陵妃园寝。这一天，瑾妃亲自到妹妹的灵前奠酒送行。1921 年，逊帝溥仪追谥珍妃为"恪顺皇贵妃"。

珍妃井

珍妃井位于北京故宫宁寿宫北端的贞顺门内，是珍妃被慈禧下令投井之处。此井见证了珍妃的悲剧命运。

错误的婚姻

慈禧把持晚清政局近半个世纪,她机关算尽,在权力角逐中很少失算。可她在光绪帝身上屡屡失策,让她大伤脑筋。首先,她错误地立了载湉做皇帝。之前讲过,光绪帝的性格和慈禧差不多,认准的事情就会坚持下去,不会改变。其次,慈禧错误地安排了光绪帝的婚姻,这是一场迟来的大婚。清朝皇帝大婚一般是以14岁为界限的,顺治帝、康熙帝都是在14岁之前就大婚了,大婚意味着成年,成年就要亲政了,所以皇帝大婚具有双重含义。也正因如此,嗜权如命的慈禧唯恐失去权力,便有意拖延光绪帝大婚的时间。直

[清] 储秀宫款拱花三彩花卉大盘

此盘为白地彩釉,云龙纹与花卉、秀石、草叶图案交相辉映,色彩明净雅致。此盘为光绪朝仿康熙三彩之佳作。

到光绪帝 19 岁，再也不能往后拖了，才于光绪十五年（1889 年）正月为他举办了大婚典礼。可光绪帝的这场婚姻注定是一场悲剧。

第一，慈禧操纵选秀。光绪十四年（1888 年），慈禧做"总导演"，安排了几个傀儡评委，如荣寿固伦公主等；安排秀女位置，把自己的侄女静芬放在第一排，"遥控"光绪帝选静芬。光绪帝的婚姻是没有自由可言的。

第二，不祥的预兆。就在婚礼前的一天深夜，紫禁城内突然起火，火光冲天，烧毁了太和殿前的太和门。距离大婚仅有一个多月了，太和门还是大婚时皇后必经之地，怎么办呢？最终慈禧命工匠按照太和门原样，搭盖了一座太和门彩棚，为大婚应急之用。这真是一个不祥之兆啊！

第三，光绪帝不喜欢表姐。慈禧选中的中宫皇后是其弟弟桂祥的女儿静芬，她比光绪帝大 3 岁，是光绪帝的表姐。慈禧要让自己娘家的侄女成为中宫皇后，将来皇后生子，叶赫那拉家族的地位就稳固了，这是典型的政治婚姻。可光绪帝不喜欢，他对表姐非常冷淡。

皇后也和光绪帝一样固执。更让光绪帝不能接受的是，她一味地听从慈禧的安排，做慈禧的眼线，经常打"小报告"，这更加影响两个人的感情。有时候光绪帝甚至会动手打皇后，连慈禧也无可奈何。

"珍妃该打"

光绪二十年（1894年）十月二十八日，清宫里发生了一起事件：一名妃子遭到褫衣廷杖。慈禧命人廷杖珍妃，珍妃被打得奄奄一息。对于这件事，一般人同情珍妃，认为慈禧太残暴，珍妃是无辜的。那么，真相究竟如何呢？

珍妃刚入宫时，慈禧对她的印象是不错的。这主要源于进宫前的那次选后，光绪帝看上了德馨的一个女儿，慈禧很担心。相比之下，站在最后面的两个相貌平常的秀女他他拉氏显得很规矩，也很可人。所以慈禧下令，让这两个秀女入选，这就是后来的瑾妃和珍妃。当时，珍妃14岁，还是一个没有长开的小姑娘，慈禧对珍妃没有戒心，也并不厌恶。可让慈禧万万没有想到的事情发生了。

这个小姑娘可不简单，慈禧看走了眼。珍妃是个有思想、有才华、很开明的姑娘。她和姐姐从小随伯父长善生活在广州，那里是中国最早开放的地方，珍妃接受了很多西方的思想。长善还给她请了才华横溢的文廷式当老师，这对珍妃思想观念的形成产生了巨大的影响。入宫后，珍妃爆发出巨大的能量，不但震撼了慈禧，也震撼了皇帝。

一是打乱了慈禧的计划。光绪帝做梦都没想到，自己还会遇到这么遂心的人。珍妃活泼开朗，知识丰富，视野开阔，这对一直生活在宫里的光绪帝来说太有吸引力了。光绪帝深深地爱上了她，两个人无话不谈，成为人生知己。珍妃宠冠后宫，这就打乱了慈禧的计划。真是怕什么来什么，她担心的

大清國當今慈禧端佑康頤昭豫莊誠恭欽獻崇熙聖母皇太后

慈禧太后

[清] 银镀金龟纽"珍妃之印"

"珍妃之印"为光绪年间所制,由银镀金打造,是龟纽方形印,满汉文篆书,典雅庄重。

事情还是发生了。

二是扰乱了宫廷秩序。珍妃入宫前,宫里一片静寂,没有生机。珍妃入宫后,把一些新鲜事物带了进来。比如照相,她自己照,给太监照,给宫女照,还敢坐在宝座上照。又如,她敢穿高跟鞋,敢跳舞,敢穿皇帝的衣服,等等。这些"离经叛道"的事情珍妃都敢做,这就扰乱了宫廷秩序,这是慈禧不能容忍的。

三是干预朝政。珍妃思想进步,喜欢接受新鲜事物,尤其是西方的思想影响了她。珍妃把这些思想观念传递给了光绪帝,影响了他,使他倾向于革新变法,这是慈禧不能容忍的事情。

可是，如果仅此而已，慈禧是不至于廷杖珍妃的，究竟发生了什么事情让慈禧能肆无忌惮地命人当众廷杖珍妃呢？原来，珍妃做错了事情，被慈禧抓到了把柄：珍妃竟然敢卖官鬻爵，而且被慈禧找到了证据。比如，珍妃以高价把上海道卖给了一个叫鲁伯阳的人。证据确凿，慈禧师出有名，使用家法，珍妃被打得奄奄一息。这还不算，慈禧还把珍妃的位份由妃降为贵人。

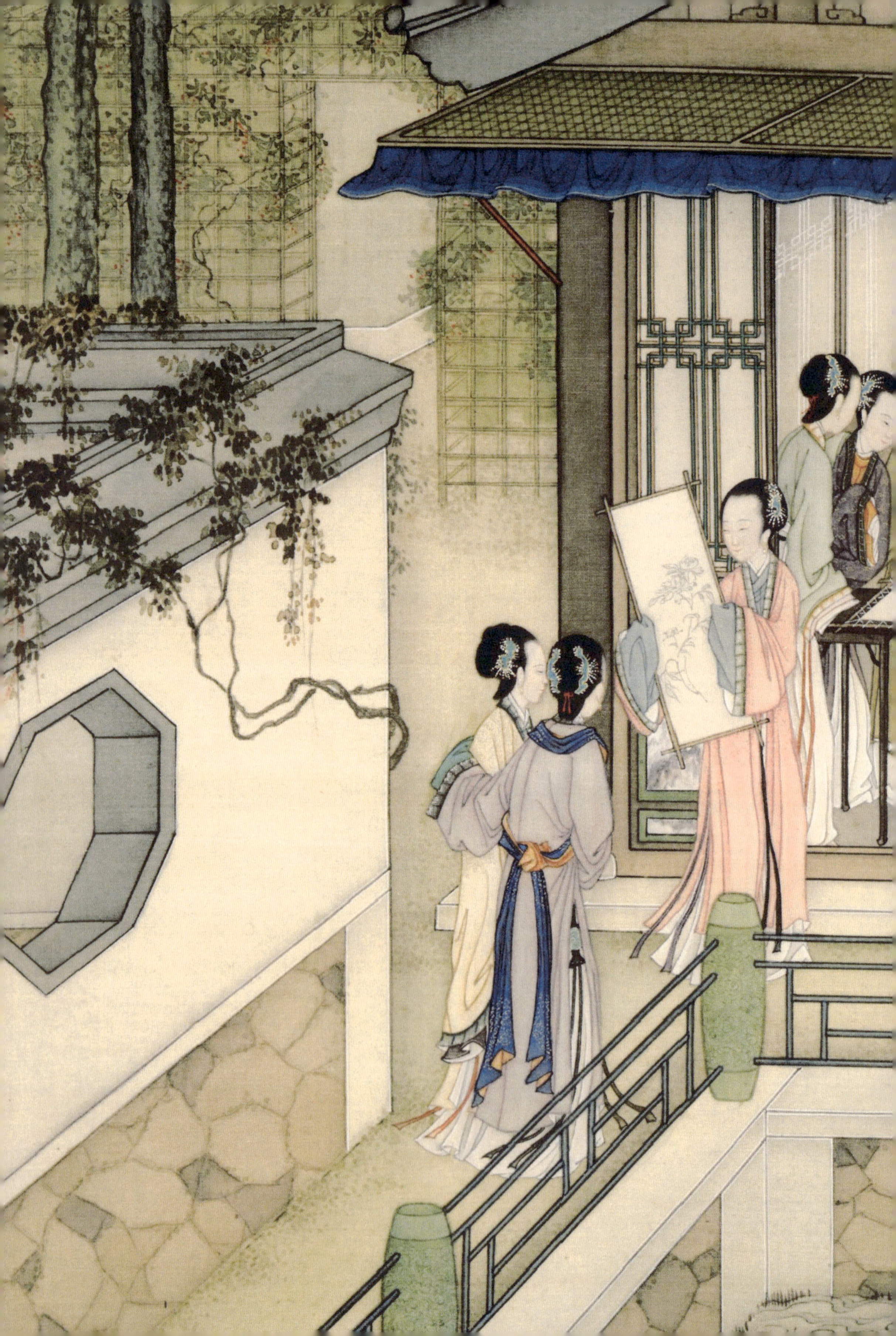

拾贰

宣统帝后宫

七位母亲

末代皇帝溥仪有很多位母亲，这是怎么回事呢？

由于溥仪是从王府进宫做皇帝的，所以他便有了三位父亲：亲生父亲载沣，两位皇帝父亲同治帝载淳和光绪帝载湉。实际上，这两位皇帝父亲和他有什么关系呢？因为溥仪继承了皇位，坐在了皇帝的宝座上，所以就成了人家的儿子。这三位父亲的夫人们就成了溥仪的母亲，于是他就有了七位母亲。

这七位母亲分别是同治帝的瑜妃、珣妃、瑨妃，光绪帝的皇后、瑾妃，溥仪的亲生母亲幼兰和庶母邓佳氏。

隆裕在世的时候，由于她皇太后的身份，便成了溥仪的正牌母后。可是由于不是亲生的，母子二人感情淡漠。隆裕对这个小皇帝并不勤加照顾，因为当时国事纷繁，隆裕很心烦，没有心情照顾他，照顾溥仪的任务便都落在太监的身上。可是那帮太监只是应付，导致溥仪饮食失常，常常暴饮暴食，落下胃病。1913年，隆裕病重，临终前，身边只有溥仪和世续。隆裕伤感地说："孤儿寡母，千古伤心。"很明显，隆裕把溥仪当成自己的亲生儿子，才说出了"孤儿寡母"这样的话。接着，隆裕伤心地看着年仅8岁的溥仪说："汝生帝王家，一事未喻，而国亡，而母死，茫然不知。吾别汝之期至矣，沟渎道途，听汝自为而已。"隆裕就这样很不放心地离开了溥仪，终年46岁。

同治帝的三位后妃，就数瑜妃最漂亮，最有才华，琴棋书画无所不精，可惜嫁到帝王之家，做了多年的寡妇。由于这个儿媳妇长相俊美，又侍奉有

幼年溥仪

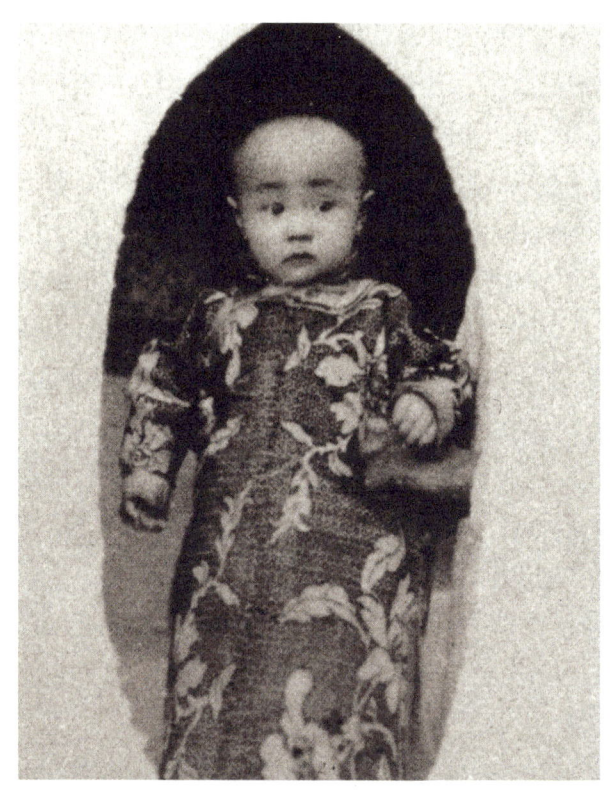

溥杰（左）、溥仪、润麒（右）

礼，慈禧也很喜欢她。溥仪进宫的时候，慈禧将溥仪交给隆裕抚养，瑜妃便到慈禧面前哭诉，争溥仪的抚养权。由于慈禧比较喜欢瑜妃，就答应了她的要求，于是瑜妃和隆裕一起负责照顾溥仪的生活起居。

可慈禧去世后，发生了一件令瑜妃意想不到的事情——隆裕命令同治帝三妃和光绪帝瑾妃（时晋称"兼祧皇考瑾贵妃"）在她面前必须自称"奴才"。别人不说话，而瑜妃心生不满，她要找个机会理论。慈禧奉安陵寝时，同治帝三妃和光绪帝瑾妃都参加了。大典之后，同治帝三妃不肯回去。载沣派载振前往迎接，瑜妃（时晋称"皇考瑜皇贵妃"）据理力争，要求晋封为太妃，不称奴才。载沣没有办法，只好答应了她的要求。

瑜妃为了笼络溥仪，便和醇亲王府的人暗相往来。她特别恩准溥仪的祖母和母亲来宫里会亲，并赏赐她们礼品。瑜妃处处效仿慈禧，派头十足，她派太监去监视溥仪，引起溥仪的反感。

光绪帝的瑾妃也不示弱，她不但允许溥仪祖母和母亲进宫会亲，还和溥仪亲生母亲幼兰密谋，争取各方力量为溥仪复辟做准备，并横加干涉溥仪的日常生活。溥仪对瑾妃也很反感，甚至发生过争吵。

虽然溥仪有七位母亲，但是由于她们的立场不同，为了各自的利益互相倾轧，溥仪根本享受不到应有的母爱。那么，溥仪亲生母亲怎么样呢？

溥仪亲生母亲幼兰之所以能成为载沣的嫡福晋，纯粹是因为慈禧的决定。慈禧为了回报荣禄的忠诚，便把他的女儿收为养女，并为她的前途做了周到的安排。当时载沣已经定了亲，可是慈禧将幼兰指婚给载沣后，载沣就不得不退掉原来的婚事，还违心地向太后叩头谢恩。

幼兰结婚后很得载沣的宠爱，她生育了五个孩子：长子溥仪，次子溥杰，长女韫媖，次女韫龢，三女韫颖。

溥仪3岁进宫，离开了自己的亲生母亲。毫无疑问，幼兰非常想念自己的儿子，可由于溥仪特殊的身份，幼兰很难看到他。由于从小就没有亲生母亲照顾，溥仪对母亲的印象很模糊，因而对她的感情也不是很深厚。

可是后来宫里发生了一件事情，把溥仪母子联系在了一起。

据溥仪自己回忆，有一天，端康皇贵太妃（瑾妃）下了一道命令，把太医院的御医范一梅开除了。在这件事情上，溥仪和端康皇贵太妃发生了激烈冲突。溥仪当面质问端康皇贵太妃，问她凭什么开除范一梅。溥仪的这个举动深深地刺激了端康皇贵太妃。接着，溥仪竟然当着端康皇贵太妃的面粗暴地指责她"专擅"。这就严重了，双方僵持不下。

端康皇贵太妃为了压服溥仪，盛怒之下，把他的祖母刘佳氏和生母瓜尔佳氏叫到宫里来，并迁怒于她们，严厉地斥责了她们。经过一番"斗争"，溥仪还是屈服了。为了息事宁人，他不得不向端康皇贵太妃认错。

由于幼兰出生在将相之家，从小家庭条件优越，难免会有大小姐脾气。她从来没受过这种窝囊气，从宫里回去后，便吞食鸦片自杀了，死时年仅38岁。

溥仪虽然有七位母亲，却很缺少母爱。

逃离洞房

结婚是终身大事，末代皇帝溥仪面对自己的大婚，却做出了让人意外的事情：逃离洞房。这究竟是为什么呢？

在婚姻大事上，溥仪确实与众不同。比如，在选秀女时，溥仪就有与众不同之处。一是根据衣服选秀女。一大堆照片让溥仪挑选，他无从入手，怎么办呢？他就看衣服好看不好看，旗袍的花色、款式是他选秀女的标准，这可太奇怪了。二是随意性很强。溥仪一开始觉得，敬懿皇贵太妃推荐的文绣看着顺眼，便在文绣的照片上画了个圈。可这引起了端康皇贵太妃的不满，她说文绣长得不好看，家境也一般，力推婉容。溥仪心中焦躁，便又在婉容的照片上画了一下。大家看，溥仪的随意性有多强。不仅如此，溥仪还一再表示："我不想结婚。"当大家建议由婉容来做皇后，同时纳文绣为妃子时，溥仪觉得大可不必，"我想，一个老婆我还不觉得有多大的必要，怎么一下子还要两个呢？"最终，溥仪娶婉容为皇后，文绣为淑妃。

所以，溥仪的大婚之夜就可想而知了。皇帝大婚，最关键的礼仪是合卺礼。帝后要在女官的侍奉下，在坤宁宫吃子孙饽饽，喝交杯酒，吃长寿面，等等。可面对这个大婚洞房，溥仪居然有这样的感受：

一是很憋气。坤宁宫这个窄小的喜房让溥仪很不适应，他感觉"很憋气"。

二是很晃眼。溥仪面对的是一片红色——红帐子、红褥子、红蜡烛、红衣服等，到处是红色，他觉得很晃眼。

三是很陌生。平时不太安分的溥仪，这时感觉有些说不出的紧张。他面

溥仪和婉容像

对的是一张陌生的面孔。他第一次见到婉容，没有什么感觉，只有不自在。在这种情况下，溥仪的决定让所有人都大吃一惊，"我感到很不自在，坐也不是，站也不是。我觉得还是养心殿好，便开开门，回来了"。大婚洞房中的婉容很委屈，她被孤零零地留在喜房之中。

在大婚时，溥仪还做过让人啼笑皆非的事情，那就是他在这么喜庆的日子里，居然命令戏班子演《霸王别姬》。我们知道，在皇宫里演戏，一般要经过层层筛选。筛选的标准有两条：一是主子们喜欢看的；二是符合要求的，千万不能犯忌讳。在溥仪大婚期间，前两天演的剧目还可以，可最后一天，溥仪居然点了《霸王别姬》，这是非常不合时宜的。有人认为，这是不祥之兆。

休掉皇帝

在封建社会，一个普通男人被女人休弃，就已经很没面子了，如果是皇帝被休弃，那就更没面子了。而溥仪就被他的淑妃文绣休弃了。

先说文绣与溥仪的感情。溥仪虽然不懂风情，但开始时对文绣是有感情的，其中最主要的原因是文绣的才华吸引了溥仪。文绣不仅诗文俱佳，还懂英文，经常与溥仪在一起切磋。渐渐地，溥仪对她有了感情。

除了文绣，溥仪还有皇后婉容，这样复杂的家庭关系需要溥仪去平衡。但溥仪能做好吗？

溥仪在处理家庭关系上存在失误。资料表明，溥仪基本没有治家能力。不仅如此，他还存在一个重大失误，那就是处事不公正。溥仪本来对文绣是有感情的，但两人慢慢产生了分歧，如文绣反对他投靠日本人，引起了他的不满。溥仪转而冷淡文绣，出去参加重要活动时只带婉容，不带文绣。文绣发现后力争，溥仪还奚落她。平常休息的时候，溥仪也不去文绣的房间，只和婉容在一起。后来文绣自己倒苦水，说她和溥仪在长达9年的婚姻生活里，"未得一幸"。

婉容的错误。其实不管溥仪怎么样，婉容的作用很关键，毕竟她是女主人。可婉容也不具备持家之才。婉容对文绣犯了几个错误。一是忌妒心作怪。毫无疑问，溥仪和文绣的感情引起了她的忌妒，于是她伺机调唆。二是盛气凌人的态度。在文绣面前，婉容总摆着皇后的架子，让文绣难以接受。很显然，这会儿已经是民国了，宫里那套规矩行不通了。三是虐待文绣。婉容居然让太监去申斥文绣。

淑妃

额尔德特·文绣，字蕙心，自号爱莲，1922年被溥仪封为淑妃。

额尔德特·文绣

1922年，文绣以照片入选为皇妃。后因她与溥仪感情疏离，于1931年登报公开表示与溥仪离婚。

婉容

婉容被溥仪选为皇后，这张照片于1925年夏天拍摄于张园。

当然，溥仪和文绣的婚姻之所以会走到尽头，文绣也有责任。她不注意培养和婉容的感情，平时也不给婉容面子。比如，婉容给她书信，文绣发现书信中的错误时，就不留情面地直接指出来，令婉容十分难堪。

1931年8月，文绣离家出走，并向法院提出离婚申请。溥仪非常难堪，很被动地应诉。两个月后，他们达成了离婚协议，淑妃文绣成功地休弃了皇帝溥仪，开创了妃子休掉皇帝的先例。

溥仪一生中的五位女人

末代皇帝溥仪一生中共有五位女人,她们分别是:婉容、文绣、谭玉龄、李玉琴和李淑贤。

婉容(1906—1946年),郭布罗氏,字慕鸿,号植莲,父亲为内务府大臣荣源。1922年,17岁的婉容因容貌端庄秀美,且琴棋书画无所不通而被选入宫,成为清朝历史上最后一位皇后。婉容相貌娇美,谈吐文雅,大婚之后很得溥仪宠爱。但婉容在与文绣相处期间,矛盾重重。出宫之后,婉容随溥仪迁王府,迁天津,再入伪满皇宫。在这期间,婉容的变化很大。由于溥仪对她多有抱怨,婉容如同被打入冷宫,渐渐地在寂寞中染上了毒瘾。所以婉容后来的生活狼狈至极,溥仪甚至想把她偷偷丢在旅顺。日本投降在即,溥仪带着婉容等人逃到通化大栗子沟。之后,溥仪为了逃命,抛下了婉容等人,从通化赶到沈阳。这时候,被丈夫抛弃的婉容已经病得很严重了。1946年6月20日,婉容凄凉地在延吉监狱中与世长辞,时年41岁。

文绣(1909—1953年),额尔德特氏,字蕙心,自号爱莲。文绣是满族镶黄旗人,父亲端恭曾任内务府主事。文绣比婉容提前一天入宫,以便大婚时迎接皇后。作为淑妃,文绣遵循宫中规矩,可婉容处处为难她,溥仪又不给她做主,她因此很是受气。文绣很有才华,会诗文,这倒给她自己带来了很多快乐。1931年10月22日,文绣与溥仪协议离婚。溥仪给了文绣一些补偿,文绣随后回到北京。1947年夏天,文绣经友人介绍,嫁给了一个名叫刘振东的国民党军官,组成了新家庭。1953年9月,文绣因心肌梗死去世,终年45岁。

婉蓉

溥仪和婉容

谭玉玲

李淑贤和溥仪

李玉琴

谭玉龄（1920—1942年），原姓他他拉氏，辛亥革命后，改姓谭，满洲贵族出身。1937年，正在北京中学读书的谭玉龄来到长春与溥仪结婚，被溥仪封为"祥贵人"。谭玉龄与溥仪的关系很好，很受宠爱，溥仪经常叫侄媳等女客陪她散心。谭玉龄聪明能干，温顺贤惠，待人接物十分稳妥。但与溥仪生活了5年后，谭玉龄突然去世。关于她的死，至今仍是个谜。谭玉龄的去世使溥仪非常悲痛，他"追封"她为"贵妃"，谥"明贤"，并按清朝贵妃例治丧，丧礼十分隆重。

李玉琴（1928—2001年），汉族，生于长春市。谭玉龄去世后，年仅16岁的李玉琴被选到溥仪身边，被溥仪"封"为"福贵人"。1945年8月，溥仪逃往沈阳，李玉琴被留在大栗子沟。1953年，李玉琴回到长春娘家。1956年，李玉琴被安排在长春市图书馆工作，并于1957年5月与溥仪离婚。1958年5月，李玉琴与吉林省广播电台工作人员黄毓庚结婚。婚后，两人生有一子。2001年4月24日，李玉琴在长春病逝，享年74岁。

李淑贤（1924—1997年），汉族，杭州人，是溥仪的最后一任妻子。1962年，经友人介绍后，李淑贤与溥仪结婚。婚后，溥仪很关心李淑贤，李淑贤在生活上也很照顾溥仪，两人感情很好。溥仪和李淑贤在一起幸福地生活了5年。1967年10月17日，溥仪因患肾癌逝世。溥仪逝世30年后，1997年6月9日，李淑贤因肺癌逝世，享年74岁。